LEARN RUSSIAN

isbn: 978-1-9

Dear Reader and Language Learner!

You're reading the paperback edition of Bermuda Word's interlinear and pop-up HypLern Reader App. Before you start reading Russian, please read this explanation of our method.

Since we want you to read Russian and to learn Russian, our method consists primarily of word-for-word literal translations, but we add idiomatic Russian if this helps understanding the sentence.

For example:
вместо носа совершенно гладкое место!
instead of nose completely smooth place!
[In the place of his nose there was a completely smooth place!]

The HypLern method entails that you re-read the text until you know the high frequency words just by reading, and then mark and learn the low frequency words separately or practice them with our brilliant App.

Don't forget to take a look at the e-book App with integrated learning software at learn-to-read-foreign-languages.com!

Thanks for your patience and enjoy the story and learning Russian!

LEARN-TO-READ-FOREIGN-LANGUAGES.COM

СОДЕРЖАНИЕ
CONTENTS

НИКИТА   КОЖЕМЯКА
NIKITA   KOZHEMYAKA

v	*staryye*	*gody*	*poyavilsya*	*nevdaleke*	*o t*	*Kyeva*	*strashni*
В	**старые**	**годы**	**появился**	**невдалеке**	**от**	**Киева**	**страшный**
In	old	years	was located	not far off	from	Kiev	(a) terrible

zmee
змей.
dragon

mnogo	*naroda*	*12*	*Kyeva*	*pottaskah*	*v*	*svoyu*	*berlogu*
Много	**народа**	**из**	**Киева**	**потаскал**	**в**	**свою**	**берлогу,**
Much	folk	from	Kiev	(it) dragged	in	its	den

pustaskah · poyel
потаскал и поел.
dragged   and ate
(ate them)

utaschil	*zmee*	*i*	*Tsarskuyu*	*doch*	*no*	*ne*	*syel*	*yeyo*
Утащил	**змей**	**и**	**царскую**	**дочь,**	**но**	**не**	**съел**	**её,** а
Carried off	(the) dragon	also	(the) tsar's	daughter	but	not	ate	her and

крепко-накрепко	**запер**	**в**	**своей**	**берлоге.**
very tight	locked up	in	its	den

Увязалась	**за**	**царевной**	**из**	**дому**	**маленькая**	**собачонка.**
Was taken	by	(the) prinsess	from	home	(a) small	little dog

6 Никита Кожемяка

Как улетит змей напромысел, царевна напишет записочку
As flies out (the) dragon on business (the) prinsess writes (a) note
(on his business)

к отцу, к матери, привяжет записочку собачонке на
to father to mother (she) ties (the) note (to the) little dog onto

шею и пошлет ее домой. Собачонка записочку отнесет
(the) neck and sends her home (The) Little dog (the) note away-carries

и ответ принесет.
and (the) answer to-carries
(brings)

Вот раз царь и царица пишут царевне: узнай от
Here now (the) tsar and (the) tsarina write (to the) prinsess learn from
(find out)

змея, кто его сильней. Стала царевна от змея
(the) dragon who (than) him is stronger Started (the) prinsess from (the) dragon

допытываться и допыталась.
to try to get out and got out
(she got it out)

"Есть," говорит змей, "в Киеве Никита Кожемяка - тот
There is says (the) dragon in Kiev Nikita Kozhemyaka who

меня сильней."
(than) me is stronger

7 Никита Кожемяка

Как ушел змей на промысел, царевна и написала к
As left (the) dragon on business (the) prinsess also wrote to

отцу, к матери записочку: есть в Киеве Никита
father to mother (a) little note there is in Kiev Nikita

Кожемяка, он один сильнее змея. Пошлите Никиту меня
Kozhemyaka he alone is stronger than (the) dragon Please send Nikita me

из неволи выручить.
from not-will to rescue
(captivity)

Сыскал царь Никиту и сам с царицею пошел его
Found (the) tsar Nikita and self with (the) tsarina went him

просить выручить их дочку из тяжелой неволи. В ту
to ask to rescue their daughter from heavy captivity In that
(the severe) (At)

пору мял Кожемяка разом двенадцать воловьих кож.
moment worked on Kozhemyaka at once twelve oxen skins

Как увидел Никита царя - испугался: руки у Никиты
As saw Nikita (the) tsar (he) frightened (the) hands of Nikita

задрожали, и разорвал он разом все двенадцать кож.
began to tremble and tore he at once all twelve skins

8   Никита Кожемяка

Рассердился	тут	Никита,	что	его	испугали	и	ему
Was angered	here	Nikita	that	him	(they) frightened	and	to him

убытку	наделали,	и,	сколько	ни	упрашивали	его	царь
(the) loss	(they) made up	and	however much	not	(they) asked from	him	(the) tsar

и	царевна	пойти	выручить	царевну,	не	пошел.
and	(the) tsarina	to go	to rescue	(the) prinsess	not	(he) went

Вот	и	придумал	царь	с	царицей	собрать	пять	тысяч
Here	also	devised	(the) tsar	and	(the) tsarina	to gather	five	thousand

малолетних	сирот	-	осиротил	их	лютый	змей, - и
young	orphans		orphaned	them	(by the) fierce	Dragon and

послали	их	просить	Кожемяку	освободить	всю	русскую
(they) sent	them	to beg	Kozhemyaka	to free	(the) entire	Russian

землю	от	великой	беды.
earth	from	great	misfortune

Сжалился	Кожемяка	на	сиротские	слезы,	сам	прослезился.
Took pity	Kozhemyaka	to	(the) orphans	tears	himself	cried a little

9 Никита Кожемяка

Взял	он	триста	пудов	пеньки,	насмолил	ее	смолою,
Took	he	(a) 300	poods	mace	tarred	it	with resin
			(one Pood is 16 kg)				

весь	пенькою	обмотался	и	пошел.
whole	stump	winded	and	went

Подходит	Никита	к	змеиной	берлоге,	а	змей	заперся,
Approached	Nikita	to	(the) Dragon's	den	and	dragon	locked itself
						(the Dragon)	

бревнами	завалился	и	к	нему	не	выходит.
with logs	laid behind	in	to	him	not	comes out

"Выходи	лучше	на	чистое	поле,	а	не	то	я	всю	твою
Come out	better	onto	open	field	and	not	that	I	all	your

берлогу	размечу!"	сказал	Кожемяка	и	стал	уже	бревна
den	(will) scatter	said	Kozhemyaka	and	started	already	(the) logs

руками	разбрасывать.
(with the) hands	to throw about

10 Никита Кожемяка

Видит змей беду неминучую, некуда ему от Никиты
Sees (the) Dragon misfortune inevitable nowhere to him from Nikita

спрятаться, вышел в чистое поле.
to hide (he) came out into (the) open field

Долго ли, коротко ли они билися, только Никита
For long or briefly whether they fought only Nikita

повалил змея на землю и хотел его душить. Стал
threw down (the) Dragon to (the) ground and wanted him to strangle Started

тут змей молить Никиту:
here (the) Dragon to beg to Nikita

"Не бей меня, Никитушка, до смерти! Сильнее нас с
Not beat me Nikitushka to death Stronger than us with

тобой никого на свете нет. Разделим весь свет
you no one on (the) world not Let us divide entire world

поровну: ты будешь владеть в одной половине, а я -
equally you will rule in one half and I

в другой."
in (the) other

11 Никита Кожемяка

"Хорошо," сказал Никита. "Надо же прежде межу
(It is) good / said / Nikita / Necessary / however / before / a boundary
(It's necessary) / (before that)

проложить, чтобы потом спору промеж нас не было."
to lay / in order to / afterwards / dispute / (the) boundary / us / not / was

Сделал Никита соху в триста пудов, запряг в нее
Made / Nikita / plough / in / 300 / poods / harnessed / in / it
(a plough) / (of)

змея и стал от Киева межу прокладывать, борозду
(the) Dragon / and / started / from / Kiev / (the) boundary / to lay / a furrow

пропахивать; глубиной та борозда в две сажени с
to plough / (the) depth / of that / furrow / in / two / sazheni / with
(of) / (measure of depth)

четвертью.
fourth

Провел Никита борозду от Киева до самого Черного
Tracked / Nikita / (the) furrow / from / Kiev / to / (the) very / Black

моря и говорит змею:
sea / and / said to / (the) Dragon

12 Никита Кожемяка

"Землю мы разделили - теперь давай море делить,
Earth we divided now let us (the) sea divide

чтобы о воде промеж нас спору не вышло."
in order to over (the) water boundary us dispute not came out

Стали воду делить - вогнал Никита змея в Черное
(They) began (the) water to divide drove in Nikita (the) Dragon into (the) Black

море, да там его и утопил.
sea and there it also drowned

Сделавши святое дело, воротился Никита в Киев стал
After doing (this) heroic deed returned Nikita in Kiev started
(to)

опять кожи мять, не взял за свой труд ничего!
again (the) skins to work not took for his labor nothing

Царевна же воротилась к отцу, к матери.
(The) prinsess indeed returned to (the) father to (the) mother

13 Никита Кожемяка

Борозда Никити на, говорят, и теперь кое-где по степи
(The) furrow of Nikita about (they) speak and now somewhere on (the) steppe
(even)

видна; стоит она валом сажени на две высотою.
visibly stands it (as a) dike of sazhens of two in height

Кругом мужички пашут, а борозды не распахивают:
Around (the) farmers plough and (the) furrow not (they) throw open
(Around it)

оставляют ее на память о Никите Кожемяке.
(they) leave it to (the) memory of Nikita Kozhemyaka

14   Гуси-лебеди

ГУСИ-ЛЕБЕДИ
GEESE SWANS
(GEESE AND SWANS)

Жили	мужик	да	баба.	У	них	была	дочка	да	нок
(There) lived	(a) peasant	and	(his) wife	With	them	was	(a) daughter	and	baby
				[They	had]				

маленький.
small

"Доченька,"	говорила	мать,	"мы	пойдем	на	работу,
Little daughter	said	(the) mother	we	will go	to	work

береги	братца?	Неходи	со	двора,	будь	умницей	-	мы
guard	little brother	Don't go	out in	(the) court	be	wise		we

купим	тебе	платочек."
purchase	you	(a) little skirt

Отец	с	матерью	ушли,	а	дочка	позабыла,	что	ей
(The) father	with	(the) mother	(they) left	and	(the) daughter	forgot	what	her

приказывали:	посадила	братца	на	травке	под	окошко,
(they) ordered	(she) set down	(the) brother	on	(the) grass	under	(the) window

сама	побежала	на	улицу,	заигралась,	загуляла.
herself	ran	to	(the) street	began to play	went on a spree
					(ran around having fun)

16 Гуси-лебеди

Налетели гуси-лебеди, подхватили мальчика, унесли на
Flew over / geese swans (some geese and swans) / (they) caught / (the) little boy / took away / on (they took him away)

крыльях.
(the) wings

Вернулась девочка, глядь - братца нету!
Returned / (the) girl / to see / (the) brother / is not there

Ахнула, кинулась туда-сюда нету! Она его кликала,
(She) gasped / threw herself / there here (there and here) / nothing / She / him / called

слезами заливалась, причитывала, что худо будет от
with tears / was overwhelmed / (she) lamented / that / bad / (it) will be / from

отца с матерью, - братец не откликнулся.
(the) father / and / (the) mother / (the) brother / not / responded

Выбежала она в чистое поле и только видела:
Ran out / she / in / empty / field / and / just / saw

метнулись вдалеке гуси-лебеди и пропали за темным
moving / far away / geese swans (the geese and swans) / and / (they) disappeared / behind / (the) dark

лесом.
forest

17 Гуси-лебеди

Тут она догадалась, что они унесли ее братца: про
Here she surmised that they took away her little brother about

гусей-лебедей давно шла дурная слава - что они
geese swans since long went bad repute that they
(the geese and the swans)

пошаливали, маленьких детей уносили.
behaved mischievously small children took away

Бросилась девочка догонять их. Бежала, бежала,
Rushed (the) girl to overtake them (She) ran (and) ran

увидела - стоит печь.
(she) saw stand a stove

"Печка, печка, скажи, куда гуси-лебеди полетели?"
Little stove little stove do tell where geese swans flew
(the geese and swans)

Печка ей отвечает:
(The) stove her answers

"Съешь моего ржаного пирожка - скажу."
(You) eat my rye pirogues (I will) tell
(russian style dumplings)

18 Гуси-лебеди

"Стану я ржаной пирог есть! У моего батюшки и
Stopped I rye pirogues to eat At my father also

пшеничные не едятся..."
from wheat not eat
(is eaten)

Печка ей не сказала. Побежала девочка дальше -
(The) little stove her not told Started to run (the) girl further

стоит яблоня.
stands (an) apple tree

"Яблоня, яблоня, скажи, куда гуси-лебеди полетели?"
Apple tree apple tree tell where geese-swans flew
(the geese and the swans)

"Поешь моего лесного яблочка - скажу."
(You) eat my forest apple (I will) tell

"У моего батюшки и садовые не едятся..."
At my father even garden not (they) eat
(from the garden)

19 Гуси-лебеди

Яблоня ей не сказала. Побежала девочка дальше.
Apple tree her not (it) told Started to run (the) girl further

Течёт молочная река в кисельных берегах.
Flowed milk river in custard banks

"Молочная река, кисельные берега, куда гуси-лебеди
Milk river blancmange banks where geese-swans
(the geese and the swans)

полетели?"
flew

"Поешь моего простого киселька с молочком - скажу."
(You) eat my simple blancmange with milk (I will) say

"У моего батюшки и сливочки не едятся..."
At my father also (a) little slice not eat
(is eaten)

Долго она бегала по полям, по лесам.
Long she ran (on the) fields (in the) forests

День клонится к вечеру, делать нечего - надо идти
Day approached to (the) evening to do nothing Needed to go

домой. Вдруг видит - стоит избушка на курьей ножке,
home Suddenly (she) sees stand (a) cottage on hen's legs

об одном окошке, кругом себя поворачивается. В
with one window around itself pivotes In
(turns)

избушке старая баба-яга прядет кудель. А на лавочке
(the) cottage old baba yaga spins (the) rope But on (the) little bench

сидит братец, играет серебряными яблочками. Девочка
sits (the) little brother (he) plays with silver apples (The) girl

вошла в избушку:
entered in (the) cottage

"Здравствуй, бабушка!"
How do you do grandmother

"Здравствуй, девица! Зачем на глаза явилась?"
How do you do girl Why in eye (you) appeared
[here]

21 Гуси-лебеди

"Я по мхам, по болотам ходила, платье измочила,
I on moss in (the) swamps went (the) dress soaked

пришла погреться."
went in to warm up

"Садись покуда кудель прясть."
Sit down where (the) rope is spun

Баба-яга дала ей веретено, а сама ушла. Девочка
Baba yaga gave her (the) spindle and herself went out (The) girl

прядет - вдруг из-под печки выбегает мышка и говорит
spins suddenly from under (the) stove runs out a mouse and tells

ей:
her

"Девица, девица, дай мне кашки, я тебе добренькое
Girl girl give to me porridge I to you little nice
(something good)

скажу."
will tell

Девочка дала ей кашки, мышка ей сказала:
(The) girl gave her porridge (the) mouse her said

"Баба-яга пошла баню топить. Она тебя вымоет
Baba yaga / went out / (the) bath / to heat / She / you / washes out (will wash out)

выпарит, в печь посадит, зажарит и съест, сама на
steams (will steam) / in / (the) furnace / puts (will put) / bakes (will bake) / and / eats (will eat) / herself / on

твоих костях покатается."
your / bones / gnaws (will gnaw)

Девочка сидит ни жива ни мертва, плачет, а мышка
(The) girl / sits / not / living / not / dead / weeps / but / (the) mouse

ей опять:
her / again (repeats)

"Не дожидайся, бери братца, беги, а я за тебя
Not / wait / take / little brother / run / and / I / for / you

кудель попряду."
rope / spin

Девочка взяла братца и побежала. А баба-яга подойдет
(The) girl / took up / little brother / and / broke into a run / And / Baba Yaga / goes over

к окошку и спрашивает:
to little window (to the little window) / and / asks

"Девица, прядешь ли?"
Girl / are spinning (are you spinning)

23 Гуси-лебеди

Мышка ей отвечает:
(The) mouse   her   answers

"Пряду, бабушка..."
I spin   grandmother

Баба-яга баню вытопила и пошла за девочкой. А в
Baba yaga   (the) bath   heated   and   went   for   (the) girl   But   in

избушке нет никого. Баба-яга закричала:
(the) cottage   not   anyone   Baba yaga   yelled

"Гуси-лебеди! Летите в погоню! Сестра братца унесла!"
geese-swans   Fly   in   pursuit   Sister   (her) brother   took away
(geese and swans)

Сестра с братцем добежала до молочной реки. Видит
(The) sister   with   (her) brother   ran on   to   (the) milk   river   (She) sees

- летят гуси-лебеди.
  fly   geese-swans
  (the geese and the swans)

"Речка, матушка, спрячь меня!"
Little river   little mother   hide   me

"Поешь   моего   простого   киселька."
(You) eat   my   simple   blancmange

Девочка   поела   и   спасибо   сказала.   Река   укрыла   ее   под
(The) girl   ate up   and   thanks   said   (The) river   covered   her   under
          (ate it)

кисельным   бережком.   Гуси-лебеди   не   увидали,   пролетели
blancmange   banks   Geese-swans   not   saw   (they) flew
                        (The geese and swans)   (saw her)

мимо.   Девочка   с   братцем   опять   побежали.   А
by   (The) girl   with   (the) brother   again   broke into a run   But

гуси-лебеди   воротились   навстречу,   вот-вот   увидят.   Что
geese-swans   turned   towards   here-here   seeing   What
(the geese and swans)   (on the verge of)   (seeing her)

делать?   Беда!   Стоит   яблоня...
to do   Misfortune   (There) stands   (the) apple tree
          (Darn!)

"Яблоня,   матушка,   спрячь   меня!"
Apple tree   mother   hide   me

"Поешь   моего   лесного   яблочка."
(You) eat   my   forest   apples

Девочка   поскорее   съела   и   спасибо   сказала.
(The) girl   quickly   ate   and   thanks   said

25   Гуси-лебеди

Яблоня **ее** **заслонила** **ветвями,** **прикрыла** **листами.**
(The) apple tree   her   shielded   with branches   (her) covered   with leaves

Гуси-лебеди **не** **увидали,** **пролетели** **мимо.** **Девочка** **опять**
Geese-swans   not   saw   (they) flew   by   (The) girl   again
(The geese and swans)   (saw her)

побежала. **Бежит,** **бежит,** **уж** **недалеко** **осталось.** **Тут**
broke into a run   (She) runs   (and) runs   already   not far   remained   Here

гуси-лебеди **увидали** **ее,** **загоготали** - **налетают,** **крыльями**
geese-swans   saw   her   began to cackle   fly at   with wings
(the geese and swans)   (fly at her)

бьют, **того** **гляди,** **братца** **из** **рук** **вырвут.** **Добежала**
beat   of that   to see   (the) brother   from   (the) hands   rob out   Ran on
(beat her)   (try)

девочка **до** **печки:**
(the) girl   to   (the) stove

"Печка, **матушка,** **спрячь** **меня!"**
Stove   mother   hide   me

"Поешь **моего** **ржаного** **пирожка."**
(You) eat   my   rye   pirogues

Девочка **скорее** - **пирожок** **в** **рот,** **а** **сама** **с** **братцем**
(The) girl   quickly   (the) pirogues   in   (the) mouth   and   herself   with   (the) brother

в **печь,** **села** **в** **устьице.**
in   (the) furnace   sat down   in   (the) mouth

26 Гуси-лебеди

Гуси-лебеди полетали-полетали, покричали-покричали и ни
Geese-swans flew over and flew over screeched-screeched and not
(The geese and the swans) (they screeched and screeched)

с чем улетели к бабе-яге.
with anything flew out to Baba Yaga
(flew back)

Девочка сказала печи спасибо и вместе с братцем
(The) Girl said (the) furnace thanks and together with (the) brother

прибежала домой.
came running home

А тут и отец с матерью пришли.
And here also (the) father with (the) mother arrived
(and)

27 Гуси-лебеди

БАБА-ЯГА
BABA-YAGA

Жили-были муж с женой, и была у них дочка.
Lived - were (a) man with (a) wife and (there) was with them (a) daughter
(There lived)

Заболела жена и умерла. Погоревал-погоревал мужик да
Fell ill (the) wife and died Grieved-grieved (the) peasant yes
(Grieved and grieved)

и женился на другой.
and married to another

Невзлюбила злая баба девочку, била ее, ругала, только
Did not like (the) mean woman (the) girl (she) beat her scolded only
(she scolded her)

и думала, как бы совсем извести, погубить.
also thought how (she) would entirely get rid of to slay
(get rid of her) (to slay her)

Вот раз уехал отец куда-то, а мачеха и говорит
Here once left (the) father somewhere and (the) step-mother thus said

девочке: "Пойди к моей сестре, твоей тетке, попроси у
to girl Go to my sister your aunt ask of
(to the girl)

нее иголку да нитку - тебе рубашку сшить."
her (a) needle and thread for you (the) jacket to sew

А тетка эта была баба-яга, костяная нога.
But (the) aunt she was Baba Yaga bone feet
(the witch)

Не посмела девочка отказаться, пошла, да прежде
Not dared (the) girl refuse went yes first
(but)

зашла к своей родной тетке.
(she) went to her blood related aunt

"Здравствуй, тетушка!"
How do you do aunt

"Здравствуй, родимая! Зачем пришла?"
How do you do dear Why did you visit

"Послала меня мачеха к своей сестре попросить иголку
Sent me (the) step-mother to her sister to ask (a) needle

и нитку - хочет мне рубашку сшить."
and thread (she) wants for me (the) jacket to sew

"Хорошо, племянница, что ты прежде ко мне зашла,"
It is good niece that you before to me went

говорит тетка.
said (the) aunt

"Вот тебе ленточка, масло, хлебец да мяса кусок.
Here / to you / (a) ribbon / oil / (a) loaf / and / meat / piece

Будет там тебя березка в глаза стегать - ты ее
(There) will be / there / for you / small birch / in / (the) eye / stick / you / her

ленточкой перевяжи; будут ворота скрипеть да хлопать,
ribbon (with a ribbon) / bind / (there) will be / (the) gates / to squeak / and / bash

тебя удерживать - ты подлей им под пяточки маслица;
for you / to hold / you / add / by them / under / hinges / oil

будут тебя собаки рвать - ты им хлебца брось; будет
(there) will be / for you / dogs / to bark / you / them / (a) loaf of bread / throw / will be

тебе кот глаза драть - ты ему мясца дай."
for you / (the) cat / eyes (your eyes) / to tear / you / to him / meat / give

Поблагодарила девочка свою тетку и пошла. Шла она,
Thanked / (the) girl / her / aunt / and / went off / Walked / she

шла и пришла в лес. Стоит в лесу за высоким
walked / and / arrived / in / (the) forest / Stands / in / (the) forest / before / (a) high

тыном избушка на курьих ножках, на бараньих рожках,
stilted / cottage / on / hen / legs / with / sheep / horns

а в избушке сидит баба-яга, костяная нога - холст ткет.
and / in / (the) cottage / sits / Baba Yaga / bone / foot / linen / weaves

"Здравствуй, тетушка!"
How do you do / aunt

"Здравствуй, племянница!" говорит баба-яга. "Что тебе
How do you do / niece / says / Baba Yaga / What / to you

надобно?"
is necessary

"Меня мачеха послала попросить у тебя иголочку и
Me / step-mother / sent / to ask / of / you / (a) needle / and

ниточку - мне рубашку сшить."
thread / for me / (the) jacket / to sew

"Хорошо, племяннушка, дам тебе иголочку да ниточку, а
(It is) good / niece / (I will) give / to you / (the) needle / and / (the) thread / and

ты садись куда-то поработай!"
you / sit down yourself / somewhere / and work

Вот девочка села у окна и стала ткать. А баба-яга
Here / (the) girl / sat / by / (the) window / and / started / to weave / But / Baba Yaga

вышла из избушки и говорит своей работнице:
went out / from / (the) cottage / and / said / to her / servant

33 Баба-Яга

"Я сейчас спать лягу, а ты ступай, истопи баню и
I now to sleep lie and you turn on (a) hot bath and

вымой племянницу."
wash out (the) niece

"Да смотри, хорошенько вымой: проснусь - съем ее!"
Yes (you) see thoroughly wash out Awaking (we will) eat her

Девочка услыхала эти слова - сидит ни жива ни
(The) girl heard these words sits not living not

мертва.
dead

Как ушла баба-яга, она стала просить работницу:
As went out Baba Yaga she began to ask (the) servant

"Родимая моя, ты не столько дрова в печи поджигай,
Dear of mine you not so much firewood in (the) furnace burn

сколько водой заливай, а воду решетом носи!" - И ей
so much water pour and (the) water (with the) sieve bear And to her

подарила платочек.
(she) gave (a) little dress

34 Баба-Яга

Работница баню топит, а баба-яга проснулась, подошла
(The) servant bath heats and Baba Yaga awoke went

к окошку и спрашивает:
to (the) window and asks

"Ткешь ли ты племяннушка, ткешь ли, милая?"
(You) weave well you niece (you) weave well dear

"Тку, тетушка, тку, милая!"
(I) weave aunt (I) weave dear

Баба-яга опять спать легла, а девочка дала коту
Baba Yaga again to sleep laid and girl gave (to the) cat

мясца и спрашивает:
meat and asks

"Котик-братик, научи, как мне убежать отсюда."
Cat-brother (you) teach how me run away from here
(I can)

Кот говорит:
(The) cat said

35 Баба-Яга

"Вон на столе лежит полотенце да гребешок, возьми
There on (the) table lies (a) towel and (a) comb (you) take

их и беги поскорее: не то баба-яга съест!"
them and (you) run faster (if) not then Baba Yaga (you will) eat

"Будет за тобой гнаться баба-яга - ты приложи ухо к
Will after you to chase Baba Yaga you lay (your) ear to

земле."
(the) earth

"Как услышишь, что она близко, брось гребешок -
As (you) hear that she is close throw (the) comb

вырастет густой дремучий лес."
(it) will grow thick dense forest
(into a thick)

"Пока она будет сквозь лес продираться, ты далеко
Time she will through (the) forest tear through you far
(When)

убежишь. А опять услышишь погоню - брось полотенце:
run away But again (you will) hear pursuit throw (the) towel

разольется широкая да глубокая река."
flows wide yes (a) deep river
(then)

"Спасибо тебе, котик-братик!" говорит девочка.
Thanks to you cat-brother said (the) girl

Поблагодарила она кота, взяла полотенце и гребешок и
Thanked she (the) cat took towel and comb and

побежала.
ran

Бросились на нее собаки, хотели ее рвать, кусать, - она
Rushed onto her (the) dogs (they) wanted her to tear to bite she

им хлеба дала. Собаки ее и пропустили.
to them bread gave (The) dogs her also let pass

Ворота заскрипели, хотели захлопнуться - а девочка
(The) gates began to creak (they) wanted to slam shut but (the) girl

подлила им под пяточки маслица. Они ее и пропустили.
added to them under (the) hinges oil They her also let pass

Березка зашумела, хотела ей глаза выстегать, - девочка
(The) small birch (it) rustled (it) wanted her eyes to prick out girl

ее ленточкой перевязала. Березка ее и пропустила.
her with ribbon tied up (The) small birch her also let pass
(with a ribbon)

37 Баба-Яга

Выбежала девочка и побежала что было мочи. Бежит
Ran out girl and ran that (she) was sweaty (She) runs

и не оглядывается.
and not looks around

А кот тем временем сел у окна и принялся ткать.
But (the) cat that time sat at window and began to weave
(the window)

Не столько ткет, сколько путает!
Not so much (it) weaves as much as (it) entangles

Проснулась баба-яга и спрашивает:
Awoke Baba Yaga and asks

"Ткешь ли, племяннушка, ткешь ли, милая?"
(You) weave well niece (you) weave well dear

А кот ей в ответ:
And (the) cat to her in answer
[answered]

"Тку, тетка, тку, милая."
(I) weave aunt (I) weave dear

38   Баба-Яга

Бросилась баба-яга в избушку и видит - девочки нету,
Rushed   Baba Yaga   into (the) cottage and sees   (the) girl   not

а кот сидит, ткет.
and (the) cat (it) sits (it) weaves

Принялась баба-яга бить да ругать кота:
Took off   Baba Yaga   to beat yes to scold   (the) cat
(Started)   (to curse)

"Ах ты, старый плут! Ах ты, злодей! Зачем выпустил
Ah you   old   cheat   Ah you   villain   Why   let out
(did you let out)

девчонку? Почему глаза ей не выдрал? Почему лицо
(the) girl   Why   (the) eyes of her not (you) tore out   Why   (the) face

не поцарапал?"
not (you) scratched

А кот ей в ответ:
But (the) cat to her in answer
[answered]

"Я тебе столько лет служу, ты мне косточки
I   to you so many   years serve   you   me   bones

обглоданной не бросила, а она мне мясца дала!"
gnawed   not threw   and she to me meat   gave

39 Баба-Яга

Выбежала баба-яга из избушки, накинулась на собак:
Ran out / Baba Yaga / from / (the) cottage / she threw herself (confronted) / to () / (the) dogs

"Почему девчонку не рвали, почему не кусали?"
Why / (the) girl / not / (you) ripped / why / not / (you) bit

Собаки ей говорят:
(The) dogs / her / said

"Мы тебе столько лет служим, ты нам горелой корочки
We / to you / so many / years / serve / you / us / burned / crust (crust of bread)

не бросила, а она нам хлебца дала!"
not / threw / and / she / to us / (a) loaf of bread / gave

Побежала баба-яга к воротам:
Ran / Baba Yaga / to / (the) gates

"Почему не скрипели, почему не хлопали?"
Why / not / squeak (did you squeak) / why / not / flap (did you flap)

40   Баба-Яга

"Зачем девчонку со двора выпустили?"
Why (the) girl to (the) court let out
(did you let out)

Ворота говорят:
(The) gates told

"Мы тебе столько лет служим, ты нам и водицы под
We you so many years serve you us and (a) little water under
(even)

пяточки не подлила, а она нам маслица не пожалела!"
(the) hinges not added and she to us oil not spared

Подскочила баба-яга к березке: "Почему девчонке глаза
Ran up Baba Yaga to (the) small birch Why of girl (the) eyes
(of the girl)

не выстегала?"
not (you) pricked out

Березка ей отвечает:
(The) small birch to her answered

"Я тебе столько лет служу, ты меня ниточкой не
I you so many years serve you me (a) little thread not

перевязала, а она мне ленточку подарила!"
decorated and she me (a) ribbon presented

41 Баба-Яга

Стала баба-яга ругать работницу:
Started / Baba Yaga / to scold (curse) / (the) servant

"Что же ты, такая-сякая, меня не разбудила, не
What / indeed / you / such (a) one / me / not / woke / not

позвала? Почему ее выпустила?"
called / Why / her / let out

Работница говорит:
(The) servant / said

"Я тебе столько лет служу - никогда слова доброго
I / you / so many / years / serve / never / (a) word / of good

от тебя не слыхала, а она платочек мне подарила,
from / you / not / I heard / and / she / (a) little skirt / to me / gave

хорошо да ласково со мной разговаривала!"
good / yes (and) / affectionate / with / me / (she) talked

Покричала баба-яга, пошумела, потом села в ступу и
Shouted / Baba Yaga / made noise / then / sat / in / (the) mortar / and

помчалась в погоню. Пестом погоняет, помелом след
dashed / in / pursuit / With pestle (With a pestle) / (she) drives on / With broom (With a broom) / (her) tracks

заметает...
are swept

43 Баба-Яга

А девочка бежала-бежала, остановилась, приложила ухо
But (the) girl ran and ran (she) stopped put (her) ear

к земле и слышит: земля дрожит, трясется - баба-яга
to (the) ground and listened (the) earth trembles (it) shakes Baba Yaga

гонится, и уж совсем близко…
is pursuing and already totally (very) close

Достала девочка гребень и бросила через правое
Took (the) girl (the) comb and threw over (her) right

плечо. Вырос тут лес, дремучий да высокий: корни у
shoulder Grew here (a) forest dense yes (and) high (the) roots of

деревьев на три сажени под землю уходят, вершины
(the) trees to three sazhen (sazhen is 2.13 meters) under (the) earth went out (the) tops

облака подпирают.
(the) clouds support

Примчалась баба-яга, стала грызть до ломать лес. Она
Came quickly Baba Yaga started to cut to hack (the) forest She

грызет да ломает, а девочка дальше бежит.
cuts and hacks and (the) girl further runs

44 Баба-Яга

Много	ли,	мало	ли	времени	прошло,	приложила
Much	or	little	whether	(the) time	passed	Laid

девочка	ухо	к	земле	и	слышит:	земля	дрожит,
(the) girl	(the) ear	to	(the) earth	and	listens	(the) earth	trembles

трясется	-	баба-яга	гонится,	и	уж	совсем	близко.
(it) shakes		Baba Yaga	is pursuing	and	already	totally (very)	close

Взяла	девочка	полотенце	и	бросила	через	правое
Took	(the) girl	(the) towel	and	(it) threw	over	right

плечо.	В	тот	же	миг	разлилась	река	-
arm	In	that	very	moment	flowed	(the) river	

широкая-преширокая,	глубокая-преглубокая!
wide , very wide	deep , very deep

Подскочила	баба-яга	к	реке,	от	злости	зубами
Ran up	Baba Yaga	to	(the) river	from	anger	(the) teeth

заскрипела	-	не	может	через	реку	перебраться.
began to gnash		not	can	through	(the) river	to be moved

Воротилась	она	домой,	собрала	своих	быков	и	погнала
Turned herself	she	home	assembled	her	bulls	and	chased

к	реке:
to	(the) river

45 Баба-Яга

"Пейте, мои быки! Выпейте всю реку до дна!"
Drink my bulls Drink entire river to (the) bottom

Стали быки пить, а вода в реке не убывает.
Started (the) bulls to drink but (the) water in (the) river not (it) diminishes

Рассердилась баба-яга, легла на берег, сама стала
Was angered Baba Yaga laid down on (the) enmbankment herself started

воду пить. Пила, пила, пила, пила, до тех пила, пока
(the) water to drink She drank drank drank drank to that (she) drank until

не лопнула.
(not) (she) burst

А девочка тем временем знай бежит да бежит. Вечером
But (the) girl by that time you know (she) runs yes (she) runs In
(and) (the) evening

вернулся домой отец и спрашивает у жены:
returned home (the) father and (he) asks of (the) wife

"А где же моя дочка?"
But where indeed my daughter

Баба говорит:
(The) woman says

"Она   к   тетушке   пошла   -   иголочку   да   ниточку
She   to   (the) aunt   was send   (the) needle and   thread

попросить,   да   вот   задержалась   что-то."
to ask   yes   here   (she) was delayed by something
               (and)   (see)

Забеспокоился   отец,   хотел   было   идти   дочку   искать,   а
Began to worry   (the) father (he) wanted was   to go   little daughter   search   but
                                                             (the little daughter)

дочка   домой   прибежала,   запыхалась,   отдышаться   не
(the) daughter   home   came running   (she) was short of breath to recover breath   not

может.
(she) can

"Где   ты   была,   дочка?"   спрашивает   отец.
Where   you   were   daughter   asks   (the) father

"Ах,   батюшка!"   отвечает   девочка.   "Меня   мачеха   послала
Ah   father   answered   (the) girl   Me   (the) step-mother   sent

к   своей   сестре,   а   сестра   ее   -   баба-яга,   костяная
to   her   sister   and   (the) sister   (she)   Baba Yaga   bone
                                                 (she is)

нога.   Она   меня   съесть   хотела.   Насилу   я   от   нее
foot   She   me   to eat   wanted   With difficulty   I   from   her

убежала!"
ran away

47 Баба-Яга

Как	узнал	все	это	отец,	рассердился	он	на	злую
When	learned	all	this	(the) father	became angry	he	at	(the) evil

бабу	и	выгнал	ее	грязным помелом	вон	из	дому.	И
woman	and	chased out	her	with dirty broom (with a dirty broom)	straight	from	(the) house	And

стал	он	жить	вдвоем	с дочкой,	дружно	да	хорошо.
started	he	to live	together	with daughter (with the daughter)	harmoniously	and	good

Здесь	и	сказке	конец.
Here	also	(the) fairy tale	end (comes to an end)

СНЕГУРОЧКА
SNOWMAIDEN

Жил-был   крестьянин   Иван,   и   была   у   него   жена   Марья.
Lived-was   (a) peasant   Ivan   and   (there) was   with   him   (a) wife   Maria
(There lived)

Жили   Иван   да   Марья   в   любви   и   согласии,   вот
Lived   Ivan   and   Maria   in   love   and   agreement   here

только   детей   у   них   не   было.   Так   они   и   состарились
only   children   with   them   not   were   Thus   they   also   aged

в   одиночестве.
in   solitude

Сильно   они   о   своей   беде   сокрушались   и   только   глядя
Strongly   they   about   their   misfortune   felt sorry for themselves   and   only   looking

на   чужих   детей   утешались.   А   делать   нечего!
at   other people's   children   comforted themselves   But   to do   (there was) nothing

Так   уж,   видно,   им   суждено   было.
Thus   already   evident   to them   judged   (they) were
                                    (doomed)

50 Снегурочка

Вот однажды, когда пришла зима да нападало
Here once when arrived (the) winter and fell

молодого снегу по колено, ребятишки высыпали на
young snow on (the) knee (The) little children poured out on

улицу поиграть, а старички наши подсели к окну
(the) street to play and old folks our (they) moved to window
(to the window)

поглядеть на них. Ребятишки бегали, резвились и стали
to look at them (The) children ran sported and began

лепить бабу из снега. Иван с Марьей глядели молча,
to create (a) doll out of snow Ivan and Maria watched silently

призадумавшись. Вдруг Иван усмехнулся и говорит:
pondering Suddenly Ivan smiled and said

"Пойти бы и нам, жена, да слепить себе бабу!"
Go would also us wife and together put for ourself woman
(Shall we go) (a snow woman)

На Марью, видно, тоже нашел веселый час.
To Maria evidently also it found merry hour
(it was)

51 Снегурочка

"Что ж," - говорит она, "пойдем, разгуляемся на
That indeed said she Let us go take a walk against

старости! Только на что тебе бабу лепить: будет с
(the) old age Only to that to you doll create (it) will be with
(a snow woman)

тебя и меня одной. Слепим лучше себе дитя из
you and me one We create better for ourselves (a) child from
(the same)

снегу, коли Бог не дал живого!"
snow If God not gives (a living one)

"Что правда, то правда..." сказал Иван, взял шапку и
What is true that is true said Ivan took up (his) cap and

пошел в огород со старухою.
went into (the) garden (with the) old woman

Они и вправду принялись лепить куклу из снегу:
They also really undertook to model (a) doll from snow

скатали туловище с ручками и ножками, наложили сверху
(they) rolled up (the) body with little hands and with little legs (they) put on top

круглый ком снегу и обгладили из него головку.
(a) round ball of snow and refined of it (the) little head

"Бог в помощь?" сказал кто-то, проходя мимо.
God to (the) aid said someone passing by

"Спасибо, благодарствуем!" отвечал Иван.
Thanks (we) bless you answered Ivan

"Что ж это вы поделываете?"
What indeed (is) this you make

"Да вот, что видишь!" молвит Иван.
Yes here what (you) see said Ivan

"Снегурочку..." промолвила Марья, засмеявшись.
Snowmaiden said Maria smiling

53 Снегурочка

Вот они вылепили носик, сделали две ямочки во лбу,
Here they molded (the) little nose (they) made two little holes (in the) forehead

и только что Иван прочертил ротик, как из него
and just that Ivan drew (the) little mouth as from it
(when)

вдруг дохнуло теплым духом. Иван второпях отнял руку,
suddenly breathed warm breath Ivan hastily took away (the) hand

только смотрит - ямочки во лбу стали уж навыкате,
only watches (the) little holes in (the) forehead started already bulging

и вот из них поглядывают голубенькие глазки, вот уж
and also here from them cast looks pale blue eyes here already

и губки как малиновые улыбаются.
also (the) lips as raspberry-colored (they) smile

"Что это? Не наваждение ли какое?" сказал Иван,
What is this Not (a) delusion or such said Ivan

кладя на себя крестное знамение.
made for himself cross sign
(a sign of the cross)

А   кукла   наклоняет   к   нему   головку,   точно   живая,   и
But (the) doll inclines   to   him   (the) head   as if   living   and

зашевелила   ручками   и   ножками   в   снегу,   словно   грудное
(she) stirred (with the) little hands and (with the) little legs in (the) snow as if   breast

дитя   в   пеленках.
child   in   diapers

"Ах,   Иван,   Иван!"   вскричала   Марья,   задрожав   от   радости.
Ah   Ivan   Ivan   exclaimed   Maria   beginning to tremble from happiness

"Это   нам   Господь   дитя   дает!"   и   бросилась   обнимать
This   to us   (the) Lord   (the) child gives   and (she) rushed   to embrace
(take up)

Снегурочку,   а   со   Снегурочки   весь   снег   отвалился,   как
Snowmaiden   and from of Snowmaiden   all   snow   fell off   as

скорлупа   с   яичка,   и   на   руках   у   Марьи   была   уже   в
(a) shell   with (an) egg   and in   (the) hands of   Maria   (she) was already in
(of)

самом   деле   живая   девочка.
any   case   (a) living   girl

55 Снегурочка

"Ах ты, моя Снегурушка дорогая!" проговорила старуха,
Ah you my Snowmaiden dear spoke (the) old woman

обнимая свое желанное и нежданное дитя, и побежала
embracing her desired and unexpected child and ran

с ним в избу. Иван насилу опомнился от такого чуда,
with it into (the) cottage Ivan with difficulty could understand of such (a) miracle

а Марья была без памяти от радости.
and Maria was out of mind of happiness
(her)

И вот Снегурочка растет не по дням, а по часам, и
And here Snowmaiden grew up not on (the) day but on (the) hour and
(by) (by)

что день, то все лучше.
that day then everything is better

Иван и Марья не нарадуются на нее.
Ivan and Maria not are made happy on her
() (by)

И весело пошло у них в дому.
And happily (she) went with them into (the) house

56 Снегурочка

Девки с села у них безвыходно: забавляют и убирают
(The) girls of (the) village with them permanently amuse and took away

бабушкину дочку, словно куколку, разговаривают с нею,
(from the) woman (the) daughter as if (a) doll (they) talk with her

поют песни, играют с нею во всякие игры и научают
(they) sing songs (they) play with her in every game and (they) teach

ее всему, как что у них ведется.
her everything as what with them goes on

А Снегурочка такая смышленая: все примечает и
And Snowmaiden so clever everything (she) notes and

перенимает.
(she) imitates

И стала она за зиму точно девочка лет тринадцати:
And became she over (the) winter like (a) girl years about thirteen
(aged)

все разумеет, обо всем говорит, и таким сладким
everything (she) understands about all (she) talks and with such sweet

голосом, что заслушаешься.
voice that (she) will be heard

57 Снегурочка

И	такая	она	добрая,	послушная	и	ко	всем
And	such	she	(was) good	obedient	and	to	all

приветливая.	А	собою	она	-	беленькая,	как	снег;
affable	But	by herself	she		(was) pale	as	snow

глазки	что	незабудочки,	светло-русая	коса	до	пояса,
(the) eyes	that	forget-me-nots	light light	skin	to	(the) waist

одного	румянцу	нет	вовсе,	словно	живой	кровинки	не
one	bloom (color)	not	at all	as if	living	blood	not

было	в	теле...	Да	и	без	того	она	была	такая
there was	in	(the) body	Yes	and	without	that	she	was	so

пригожая	и	хорошая,	что	загляденье.
comely	and	good	to	behold

А	как,	бывало,	разыграется	она,	так	такая	утешная	и
But	as	(it) occurred	behaved	she	thus	such	comfortable	and

приятная,	что	душа	радуется!	И	все	не	налюбуются
pleasant	that	(the) soul	became glad	And	all	not (almost)	fall in love

Снегурочкой.
with Snowmaiden

Старушка   же   Марья   души   в   ней   не   чает.
(The) old lady   yes   Maria   (the) spirit   in   her   not   breaks
                                                              (almost)

"Вот,   Иван!"   говаривала   она   мужу.   "Даровал-таки   нам
Here   Ivan   said   she   to   Bestowed   after all   to us
                                        (the) husband

Бог   радость   на   старость!   Миновалась-таки   печаль   моя
God   happiness   at   (the) old age   (It) was passed   (the) grief   my

задушевная!"
soulful

А   Иван   говорил   ей:
But   Ivan   told   her

"Благодарение   Господу!   Здесь   радость   не   вечна,   и
Gratitude   To Lord   Here   happiness   not   forever   and

печаль   не   бесконечна..."
grief   not   (is) infinite

Прошла   зима.   Радостно   заиграло   на   небе   весеннее
It passed   (the) winter   Joyful   began to play   in   (the) sky   spring

солнце   и   пригрело   землю.
sun   and   warmed   (the) earth

59 Снегурочка

На	прогалинах	зазеленела	мурава,	и	запел	жаворонок.
On	(the) glades	it turned green	glaze	and	started to sing	(the) lark
			(the glaze of ice)			

Уже	и	красные	девицы	собрались	в	хоровод	под
Already	and	beautiful	girls	(they) gathered	in	(the) round-dance	under

селом	и	пропели:
(by the) village	and	(they) went singing

"Весна	красна!	На	чем	пришла,	На	чем	приехала?"
Spring	is beautiful	To	what	was send	To	what	it arrived

"На	сошечке,	на	бороночке!"
To	hoe	to	(the) harrow

А	Снегурочка	что-то	заскучала.
But	Snowmaiden	somewhat	felt miserable

"Что	с	тобою,	дитя	мое?"	говорила	не	раз	ей	Марья,
What	with	you	child	mine	said	not	once	to her	Maria

приголубливая	ее.
caressing	her

"Не больна ли ты? Ты все такая невеселая, совсем
Not are sick maybe you You all so joyless entirely
                              (are)

с личика спала. Уж не сглазил ли тебя недобрый
with (the) little face (it) fell Already not overlooked maybe you un-good
                                    (looked at)   (a bad)

человек?"
man

А Снегурочка отвечала ей всякий раз:
But Snowmaiden answered her every time

"Ничего, бабушка! Я здорова..."
Nothing grandmother I am healthy

Вот и последний снег согнала весна своими красными
Here, So and, also (the) last snow drove off (the) spring with its beautiful

днями.
days

Зацвели сады и луга, запел соловей и всякая птица,
Bloomed (the) gardens and (the) meadow started to sing (the) nightingale and every bird

и все стало живей и веселее.
and everything became living and merrier

61 Снегурочка

А Снегурочка, сердечная, еще сильней скучать стала,
But Snowmaiden's heart still stronger pained (she) started

дичится подружек и прячется от солнца в тень,
to avoid (the) girl friends and hide from (the) sun in (the) shadow

словно ландыш под деревцем.
as if (a) lily of the valley under (a) tree

Ей только и любо было, что плескаться у студеного
To her only also loved it was to splash in icy-cold

ключа под зеленою ивушкой.
fountain under green ivy

Снегурочке все бы тень да холодок, а то и лучше -
To Snowmaiden everything was (the) shadow and (the) chill and then also better

частый дождичек. В дождик и сумрак она веселей
frequent little rain In (the) rain and (the) dusk she happier

становилась. А как один раз надвинулась серая туча
became But as one time moved in gray clouds

да посыпала крупным градом,
and strewed large hail

62   Снегурочка

Снегурочка (Snowmaiden) ему (to it) так (thus) обрадовалась, (was gratified) как (as) иная (any other) не (not) была бы (would be)

рада (glad) и (so) жемчугу (with) pearls перекатному. (erratic)

Когда (When) ж (still) опять (again) припекло (baked) солнце (the) sun и (and) град (the) hail взялся (became) водою, (water)

Снегурочка (Snowmaiden) поплакалась (cried) по (for) нем (it) так (so) сильно, (strong) как будто (as if)

сама (herself) хотела ((she) wanted) разлиться (to spill) слезами, - как (tears) (as) родная (blood) сестра (sister)

плачется (weeps) по (for) брату. (the) brother

Вот (Here) уж (already) пришел (arrived) и (also) весне (to the) spring конец; (the) end приспел (came) Иванов (Ivan) день. (Day)

Девки ((The) girls) с (of) села (the) village собрались (gathered) на (on) гулянье ((a) walk) в (in) рощу, (the) grove зашли ((they) visited)

за (to) Снегурочкой (Snowmaiden) и (and) пристали (bothered) к (to) бабушке (the) grandmother Марье: (Maria) ()

63 Снегурочка

"Пусти да пусти с нами Снегурочку!"
Let go · yes · let go · to · us · Snowmaiden

Марье страх не хотелось пускать ее, не хотелось и
To Maria · (the) fear · not · (she) wanted · to release · her · not · (she) wanted · (that) a

Снегурочке идти с ними; да не могли отговориться.
Snowmaiden · went · to · them · yes · not · (they) could · dissuade

К тому же Марья подумала: авось разгуляется ее
To · that · still · Maria · thought · perhaps · go on a walk · her

Снегурушка! И она принарядила ее, поцеловала и
Snowmaiden · And · she · cheered up · her · (she) kissed · and

сказала:
(she) said

"Поди же, дитя мое, повеселись с подружками! А вы,
Go · already · child · mine · enjoy yourself · with · (the) girlfriends · But · you

девки, смотрите берегите мою Снегурушку..."
girls · look over · guard · my · Snowmaiden

"Ведь она у меня, сами знаете, как порох в глазу!"
Indeed she of me yourselves you know as powder in (the) eye

"Хорошо, хорошо!" закричали они весело, подхватили
(It is) good (it is) good (they) yelled they happily took hold of

Снегурочку и пошли гурьбою в рощу. Там они вили
Snowmaiden and (they) went (with a) crowd into (the) grove There they twined

себе венки, вязали пучки из цветов и распевали свои
themselves wreaths (they) tied garlands from flowers and (they) sang their

веселые песни. Снегурочка была с ними безотлучно.
merry songs Snowmaiden was with them permanently

Когда закатилось солнце, девки наложили костер из
When set (the) sun (the) girls laid (a) bonfire from

травы и мелкого хворосту, зажгли его и все в венках
grass and small brushwood (they) lit up it and all in (the) wreaths

стали в ряд одна за другою; а Снегурочку поставили
started in (a) line one after (the) other and Snowmaiden (they) placed

позади всех.
behind all

65 Снегурочка

"Смотри же," сказали они, "как мы побежим, и ты
See now said they as we run and you

также беги следом за нами, не отставай!"
also run after us not lag behind

И вот все, затянувши песню, поскакали через огонь.
And here everyone after tightening (the) song (they) hopped through (the) fire
(holding on to)

Вдруг что-то позади их зашумело и простонало жалобно:
Suddenly behind them made a noise and groaned sorrowful

"Ау!"
Ai

Оглянулись они в испуге: нет никого.
Looked around they in fright no no one

66 Снегурочка

Смотрят	друг	на	дружку	и	не	видят	между	собою
Looked	one	to	(the) other	and	not	(they) saw	between	themselves

Снегурочки.
Snowmaiden

"А,	верно,	спряталась,	шалунья,"	сказали	они	и
But	probably	(she) hid	(the) prankster	said	they	and

разбежались	искать	ее,	но	никак	не	могли	найти.
(they) scattered	to search for	her	but	in no way	not	(they) could	find

Кликали,	аукали	-	она	не	отзывалась.
(They) called	(they) yelled		she	not	answered

"Куда	бы	это	девалась	она?"	говорили	девки.
Where	would it be that		did herself (got to)	she	said	(the) girls

"Видно,	домой	убежала,"	сказали	они	потом	и	пошли
Evidently	home	(she) ran away	said	they	then	and	(they) went

в	село,	но	Снегурочки	и	в	селе	не	было.
in	(the) village	but	Snowmaiden	also	in	(the) village	not	was

Искали   ее   на   другой   день,   искали   на   третий.
(They) searched for her   on   another   day   (they) searched for on   (the) third
    (the next)

Исходили   всю   рощу   -   кустик   за   кустик,   дерево   за
(They) proceeded through entire   grove   bush   by   bush   tree   by

дерево.
tree

Снегурочки   все   не   было,   и   след   пропал.
Snowmaiden   everywhere not   was   and   trace   disappeared

Долго   Иван   и   Марья   горевали   и   плакали   из-за   своей
For long   Ivan   and   Maria   grieved   and   cried   from for   their
    (because of)

Снегурочки.
Snowmaiden

Долго   еще   бедная   старушка   каждый   день   ходила   в
For long   still   poor   old lady   each   day   went   into

рощу   искать   ее,   и   все   кликала   она,   словно   кукушка
(the) grove   to search for   her   and   all   called   her   as if   (a) cuckoo
    (the) time

горемычная:
miserable

68 Снегурочка

"Ау, ау, Снегурушка! Ау, ау, голубушка! .."
Ai   ai   Snowmaiden   Ai   ai   darling

И не раз ей слышалось, будто голосом Снегурочки
And not once to her was heard as if (by the) voice Snowmaiden
（more than once)

отзывалось: "Ау!."
answered   Ai

Снегурочки же все нет как нет!
Snowmaiden still all not as not

Куда же девалась Снегурочка?
Where still got to Snowmaiden

Лютый ли зверь умчал ее в дремучий лес, и не
Fierce like beast spirited away her into dense forest and not

хищная птица ли унесла к синему морю?
predatory bird maybe took away to blue sea

69 Снегурочка

Нет, не лютый зверь умчал ее в дремучий лес, и
No not (a) fierce beast spirited away her into (the) dense forest and

не хищная птица унесла ее к синему морю; а когда
not (a) predatory bird took away her to (the) blue sea and when

Снегурочка побежала за подружками и вскочила в
Snowmaiden ran after (the) girlfriends and jumped in

огонь, вдруг потянулась она вверх легким паром,
(the) fire suddenly stretched herself she upward (as) light vapor

свилась в тонкое облачко, растаяла... и полетела в
swirled in (a) thin cloudlet melted and flew in

высоту поднебесную.
(the) height (under the) heavens

ЧУДЕСНАЯ   РУБАШКА
MAGIC   SHIRT

В некотором царстве жил богатый купец. Помер купец
In certain kingdom lived rich merchant Died merchant
[The merchant died]

и оставил трех сыновей на возрасте. Два старших
and left three sons in grown up age Two oldest

каждый день ходили на охоту.
each day went to hunt

В одно время взяли они с собой и младшего брата,
At one time took they with them also younger brother

Ивана, на охоту, завели его в дремучий лес и
Ivan on (the) hunt (They) brought him in dense forest and

оставили там - с тем чтобы все отцовское имение
(they) left him there with that in order to all paternal estate

разделить меж собой, а его лишить наследства.
to divide between themselves and him to deprive of (the) inheritance

Иван - купеческий сын долгое время бродил по лесу,
Ivan   merchant   son   long   time   roamed through (the) forest

ел ягоды да коренья; наконец выбрался на равнину и
ate berries and roots   finally   came upon (a) clearing and

на той равнине увидал дом.
on that clearing saw   (a) house

Вошел в комнаты, ходил, ходил - нет никого, везде
(He) entered in (the) rooms walked walked not anyone everywhere

пусто; только в одной комнате стол накрыт на три
empty only in one   room (the) table is covered by three

прибора, на тарелках лежат три хлеба. Иван -
objects on plates   are lain three loafs of bread Ivan

купеческий сын откусил от каждого хлеба по
merchant   son   bit off from each   bread   by

маленькому кусочку и спрятался за дверь.
small   piece and hid   behind (the) door

Вдруг прилетел орел, ударился о землю и сделался
Suddenly arrived flying (an) eagle struck on (the) ground and turned into
(set) itself down

молодцом; за ним прилетел сокол, за соколом воробей
(a) handsome young man After him arrived flying (a) falcon after (the) falcon (a) sparrow

- ударились о землю и оборотились тоже добрыми
(they) set themselves down on (the) ground and (they) turned into also handsome

молодцами. Сели за стол кушать.
young men (They) sat down behind (the) table to eat

"А ведь хлеб у нас почат!" говорит орел.
But indeed (the) bread of us is nibbled Said (the) eagle

"И то правда," отвечает сокол, "видно, кто-нибудь к нам
And that truth answered (the) falcon evidently somebody to us
(be the truth)

в гости пожаловал."
in stay granted

Стали гостя искать-вызывать.
(They) started (the) guest to search for - to call out for

Говорит	орел:	"Покажись-ка	нам!	Коли	ты	старый
Said	(the) eagle	Show yourself	to us	If	you	old

старичок	-	будешь	нам	родной	батюшка,	коли	добрый
old man		(you) will be	to us	(a) dear	father	if	good

молодец	-	будешь	родной	братец,	коли	ты	старушка	-
young man		(you) will be	dear	brother	if	you	old lady	

будешь	мать	родная,	а	коли	красная	девица	-	назовем
(you) will be	mother	dear	and	if	beautiful	girl		we will call

тебя	родной	сестрицею."
you	dear	sister

Иван	-	купеческий	сын	вышел	из-за	двери,	они	его
Ivan		merchant	son	left	from behind	(the) door	they	him

ласково	приняли	и	назвали	своим	братцем.	На	другой
affectionately	accepted	and	(they) named	their	brother	On	(the) next

день	стал	орел	просить	Ивана	-	купеческого	сына:
day	began	(the) eagle	to ask	Ivan		merchant	son

75 Чудесная Рубашка

"Сослужи нам службу - останься здесь и ровно через
Render / to us / service / to stay over / here / and / exactly / through (in)

год в этот самый день собери на стол."
(a) year / on / this / very / day / come gather / at / (the) table

"Хорошо," отвечает купеческий сын, "будет исполнено."
(It) is good / answered / merchant / son / (it) will be / fulfilled

Отдал ему орел ключи, позволил везде ходить, на все
Gave out / to him / (the) eagle / (the) keys / (he) allowed / everywhere / to walk / at everything

смотреть, только одного ключа, что на стене висел,
look / only / one / key / that / to / to (the) wall / (it) hung

брать не велел. После того обратились добрые молодцы
to take / not / (he) ordered / Afterward / that / (they) turned / from good young men

птицами - орлом, соколом и воробьем - и улетели.
into birds / into eagle / into falcon / and / into sparrow / and / (they) flew away

Иван - купеческий сын ходил однажды по двору и
Ivan / merchant / son / went / alone / on / to (the) court / and

усмотрел в земле дверь за крепким замком; захотелось
perceived / in / (the) earth / (a) door / behind / strong / locks / (he) wanted

туда заглянуть, стал ключи пробовать - ни один не
there / to glance / began / (the) keys / to try / not / one / not

приходится; побежал в комнаты, снял со стены
fit / (he) ran / in / (the) room / took / from / (the) wall

запретный ключ, отпер замок и отворил дверь.
forbidden / key / unlocked / (the) lock / and / opened / (the) door

В подземелье богатырский конь стоит - во всем
In / (the) cave / heroically great / horse / stands / all

убранстве, по обеим сторонам седла две сумки
decorated / on / both / sides / (it) was saddled / two / bags

привешены: в одной - золото, в другой - самоцветные
hung up / in / one / gold / in / another / semi-precious

камни.
stones

Начал	он	коня	гладить:	богатырский	конь	ударил	его
Began	he	(the) horse	to look over	Heroic (The great)	horse	struck	him

копытом	в	грудь	и	вышиб	из	под	земелья	на	целую
by (the) hoof	in	(the) breast	and	chucked out	from	under	(the) earth	to	(a) whole

сажень.	Оттого	Иван	-	купеческий	сын	спал
sazhen (2.13 meters)	That is why	Ivan		merchant	son	slept

беспробудно	до	того	самого	дня,	в	который	должны
without waking	to	that	very	day	in	which	(they) must

прилететь	его	названые	братья.
arrive flying	his	so-called	brothers

Как только	проснулся,	запер	он	дверь,	ключ	на	старое
Just as	(he) awoke	locked	he	(the) door	(the) key	to	old

место	повесил	и	накрыл	стол	на	три	прибора.
place	hung	and	covered	(the) table	to	three	sets

Вот　прилетели　орел,　сокол　и　воробей,　ударились　о
Here　arrived flying　(the) eagle　(the) falcon　and　(the) sparrow　(they) set down　onto
(Then)

землю　и　сделались　добрыми　молодцами,　поздоровались
(the) ground　and　(they) were made into　good　young men　greeted eachother

и　сели　обедать.
and　set down　to dine

На　другой　день　начал　просить　Ивана　-　купеческого
On　(the) next　day　started　to ask　Ivan　merchant

сына　сокол:　"сослужи-де　службу　еще　один　год!"
son　(the) falcon　will　service　another　one　year
(you) render

Иван　-　купеческий　сын　согласился.　Братья　улетели,　а
Ivan　merchant　son　agreed　(The) brothers　(they) flew away　and

он　опять　пошел　по　двору,　увидал　в　земле　другую
he　again　went　on　to　saw　in　(the) ground　another
(the) court

дверь,　отпер　ее　тем　же　ключом.
door　unlocked　it　by that　same　key

В   подземелье   богатырский   конь   стоит   -   вовсем
In   (the) cave   Heroic   horse   stands   all
                            (The great)

убранстве,   по   обеим   сторонам   седла   сумки   прицеплены:
decorated   on   both   sides   hung   bags   (they) are hitched

в   одной   -   золото,   в   другой   -   самоцветные   камни.
in   one   gold   in   another   semi-precious   stones

Начал   он   коня   гладить;   богатырский   конь   ударил   его
Began   he   (the) horse to look over Heroic   horse   struck   him
                                        (The great)

копытом   в   грудь   и   вышиб   из   подземелья   на   целую
(with the) hoof in   (the) breast and knocked out from (the) cave   to   whole

сажень.
sazhen
(2.13 meters)

Оттого   Иван   -   купеческий   сын   спал   беспробудно
That is why Ivan   merchant   son   slept   without waking

столько   же   времени,   как   и   прежде.
so many   still time   as   also before

Проснулся в тот самый день, когда братья должны
(He) awoke   in   that   very   day   when   (the) brothers   must

прилететь, запер дверь, ключ на стену повесил и
arrive flying   closed   (the) door   (the) key   onto   (the) wall   (he) hung   and

приготовил стол.
prepared   (the) table

Прилетают орел, сокол и воробей; ударились о землю,
Arrive flying   (the) eagle   (the) falcon   and   (the) sparrow   set themselves down   onto   (the) earth

поздоровались и сели обедать.
(they) were greeted   and   sat down   to dine

На другой день поутру начал воробей просить Ивана -
On   (the) other   day   in morning   started   (the) sparrow   to request   Ivan
     (the next)   (in the morning)

купеческого сына: "послужи-де службу еще один год!"
merchant   son   will   service   still   one   year
                  (you) serve

81 Чудесная Рубашка

Он согласился.
He agreed

Братья обратились птицами и улетели. Иван -
Brothers (they) turned into birds and (they) flew away Ivan

купеческий сын прожил целый год один-одинехонек и,
merchant son (he) stayed (the) whole year alone lonely and

когда наступил урочный день, накрыл стол и дожидает
when began fixed day (he) covered (the) table and awaits
          (the agreed)

братьев.
(the) brothers

Братья прилетели, ударились о землю и сделались
(The) brothers arrived flying set down onto (the) earth and turned into

добрыми молодцами; вышли, поздоровались и пообедали.
handsome young men (they) came out were greeted and (they) dined

После обеда говорит старший брат, орел:
After dinner said (the) elder brother (the) eagle

"Спасибо тебе, купеческий сын, за твою службу; вот
Thanks to   merchant   son   for your service   here
        (you)

тебе богатырский конь - дарю со всею сбруею, и с
to   Heroic   horse   (I) will give with whole harness   and with
(you) (The great)

золотом, и с камнями самоцветными."
gold   and with stones semi-precious

Средний брат, сокол, подарил ему другого богатырского
Middle   brother (the) falcon presented to him another heroic
                                                      (the great)

коня, а меньший брат, воробей, - рубашку.
horse and smaller brother (the) sparrow (a) shirt

"Возьми," говорит, "эту рубашку пуля не берет; коли
Take   (he) said this shirt   bullet not pierce if

наденешь ее, никто тебя не осилит!"
(you) wear it   no one you   not overpowers

Иван - купеческий сын надел ту рубашку, сел на
Ivan   merchant   son   put on   that   shirt   sat   on

богатырского коня и поехал сватать за себя Елену
heroic (the great)   horse   and   went   to woo   for   himself   Elena

Прекрасную; а об ней было по всему свету
(The) Beautiful   and   about   her   was   over   (the) whole   world

объявлено: кто победит Змея Горыныча, за того ей
declared   who   will conquer   Snake   Gorynycha   for   that   her

замуж идти.
to marry   goes

Иван - купеческий сын напал на Змея Горыныча,
Ivan   merchant   son   fell on   to   Snake   Gorynycha

победил его и уж собирался защемить ему голову в
conquered   him   and   already   (he) got ready   to pinch (to crush)   him   (the) head   in (on)

дубовый пень, да Змей Горыныч начал слезно молить
(an) oak   stump   when   Snake   Gorynych   began   tearfully   to pray

просить:
to ask

"Не   бей   меня   до   смерти,   возьми   к   себе   в   услужение;
Not   beat   me   to   death   take   to   yourself   in   (the) service

буду   тебе   верный   слуга!"
(I) will be   to   faithful   servant
(you)

Иван   -   купеческий   сын   сжалился,   взял   его   с   собою,
Ivan   merchant   son   took pity   took   him   with   himself

привез   к   Елене   Прекрасной   и   немного   погодя   женился
brought   to   Elena   (The) Beautiful   and   (a) little   later   was married

на   ней,   а   Змея   Горыныча   сделал   поваром.
to   her   and   Snake   Gorynycha   (he) made   (the) cook

Раз   уехал   купеческий   сын   на   охоту,   а   Змей   Горыныч
Once   left   merchant   son   to   hunt   and   Snake   Gorynych

обольстил   Елену   Прекрасную   и   приказал   ей   разведать,
seduced   Elena   (The) Beautiful   and   ordered   her   to find out

отчего   Иван   -   купеческий   сын   так   мудр   и   силен.
why   Ivan   merchant   son   so   wise   and   strong

Змей	Горыныч	сварил	крепкого	зелья,	а	Елена
Snake	Gorynych	mixed	(a) strong	potion	and	Elena

Прекрасная	напоила	тем	зельем	своего	мужа	и	стала
(The) Beautiful	gave to drink	that	potion	to her	husband	and	began

выспрашивать:
to question

"Скажи,	Иван	-	купеческий	сын,	где	твоя	мудрость?"
Say	Ivan		merchant	son	where	(is) your	wisdom

"На	кухне,	в	венике."
In	(the) kitchen	in	(the) broom

Елена	Прекрасная	взяла	тот	веник,	изукрасила	разными
Elena	(The) Beautiful	took	that	broom	adorned (adorned it)	with different

цветочками	и	положила	на	видное	место.	Иван	-
flowers	and	laid down (laid it down)	on	(a) visible	place	Ivan	

купеческий	сын	воротился	с	охоты,	увидал	веник	и
merchant	son	returned	from	hunting	saw	(the) broom	and

спрашивает:
asks

"Зачем это веник изукрасила?"
Why this broom adorn
(did you adorn)

"А затем," говорит Елена Прекрасная, "что в нем твоя
And for that said Elena (The) Beautiful that in it your

мудрость и сила скрываются."
wisdom and force hide themselves
(are hidden)

"Ах, как же ты глупа! Разве может моя сила и
Ah how still you foolish Why would my force and

мудрость быть в венике?"
wisdom be in (a) broom

Елена Прекрасная опять напоила его крепким зельем и
Elena (The) Beautiful again gave to drink him (a) strong potion and

спрашивает:
asks

"Скажи, милый, где твоя мудрость?"
Tell dear where (is) your wisdom

"У быка на рогах. Она приказала вызолотить быку
With (the) bull in (the) horns She ordered to gild bull
(adorn with gold) (the bull's)

рога."
horns

На другой день Иван - купеческий сын воротился с
On (the) next day Ivan merchant son returned from

охоты, увидал быка и спрашивает: "Что это значит?
hunting saw (the) bull and asks What this means

Зачем рога вызолочены?"
Why horns are gilded

"А затем," отвечает Елена Прекрасная, "что тут твоя
And for that answers Elena (The) Beautiful that here your

сила и мудрость скрываются."
force and wisdom hide themselves
(are hidden)

"Ах, как же ты глупа! Разве может моя сила и
Ah how indeed you (are) foolish How could my force and

мудрость быть в рогах?"
wisdom be in (the) horns

Елена	Прекрасная	напоила	мужа	крепким	зельем	и
Elena	(The) Beautiful	gave to drink	husband	strong	potion	and

снова	стала	его	выспрашивать:
again	began	him	to question

"Скажи,	милый,	где	твоя	мудрость,	где	твоя	сила?"
Say	dear	where	(is) your	wisdom	where	(is) your	force

Иван	-	купеческий	сын	и	выдал	ей	тайну:
Ivan		merchant	son	also	gave out	her	(the) secret

"Моя	сила	и	мудрость	вот	в	этой	рубашке.	После
My	force	and	wisdom	(are) here	in	this	shirt	After

того	уснул."
that	(he) fell asleep

Елена	Прекрасная	сняла	с	него	рубашку,	а	самого
Elena	(The) Beautiful	took	of	him	(the) shirt	and	himself

изрубила	в	мелкие	куски	и	приказала	выбросить	в
chopped	in	small	pieces	and	ordered	to throw out	in

чистое	поле,	а	сама	стала	жить	с	Змеем	Горынычем.
empty	fields	and	self	(she) started	to live	with	Snake	Gorynych

Трое   суток   лежало   тело   Ивана   -   купеческого   сына   по
Three   days   laid   (the) body   Ivan   merchant   son   on

чисту   полю   разбросано;   уж   вороны   слетелись   клевать
empty   field   spread out   already   (the) crows   (they) flew together   to peck

его.
him

На   ту   пору   пролетали   мимо   орел,   сокол   и   воробей,
At   that   time   flew   by   (the) eagle   (the) falcon   and   (the) sparrow

увидали   мертвого   брата.
(they) saw   (the) dead   brother

Бросился   сокол   вниз,   поймал   вороненка   и   сказал
Rushed   (the) falcon   downward   caught   (the) crow   and   said

старому   ворону:
old   crow

"Принеси   скорее   мертвой   и   живой   воды."
Retrieve   quickly   dead   and   living   water

Орел, сокол и воробей сложили тело Ивана -
(The) eagle (the) falcon and (the) sparrow laid together Ivan

купеческого сына, спрыснули сперва мертвою водою, а
merchant son (they) sprinkled first (the) dead water and

потом живою. Иван - купеческий сын встал,
then living Ivan merchant son arose

поблагодарил их, они дали ему золотой перстень.
(he) thanked them they gave him gold ring

Только Иван - купеческий сын надел перстень на руку,
Only Ivan merchant son put on (the) ring to (the) hand

как тотчас оборотился конем и побежал на двор
as immediately (he) turned into (a) horse and galloped to (the) court

Елены Прекрасной. Змей Горыныч узнал его, приказал
Elena (The) Beautiful Snake Gorynych recognized him (he) ordered

поймать этого коня, поставить в конюшню и на другой
to catch this horse to place in (the) stable and on (the) next

день по утру отрубить ему голову.
day at morning to chop off him (the) head
(in) (the morning)

При Елене Прекрасной была служанка; жаль ей стало
With Elena (The) Beautiful was (a) servant pity to her came

такого славного коня, пошла в конюшню, сама горько
for such glorious horse went into (the) stable herself bitterly

плачет и приговаривает:
weeps and says

"Ах, бедный конь, тебя завтра казнить будут."
Ah poor horse you tomorrow execute will be

Провещал ей конь человеческим голосом:
Advised her (the) horse with human voice

"Приходи завтра, красная девица, на место казни, и
Come tomorrow beautiful girl to (the) place of execution and

как брызнет кровь моя наземь, заступи ее своею
as splashes blood mine on-ground intercept it with your
(on the ground)

ножкою; после собери эту кровь вместе с землею и
little foot afterward carry this blood together with (the) earth and

разбросай кругом дворца."
scatter around (the) palace

Поутру повели коня казнить; отрубили ему голову, кровь
At morning (they) brought (the) horse to execute (they) chopped off of (the) head (the) blood
(In the morning) (it)

брызнула красная девица заступила ее своей ножкою,
(it) splashed beautiful girl intercepted it with her little foot

а после собрала с землею и разбросала кругом
and afterwards assembled with (the) earth and scattered around

дворца; в тот же день выросли кругом дворца
(the) palace in that very same day grew around (the) palace

славные садовые деревья.
glorious garden trees

Змей Горыныч отдал приказ вырубить эти деревья и
Snake Gorynych gave out (the) order to cut down these trees and

сжечь все до единого.
burn everything to (the) last one

Служанка заплакала и пошла в сад в последний раз
Servant began to cry and went into (the) garden in (the) last time
(for)

погулять-полюбоваться.
walk-admire
(to walk and admire)

Провещало ей одно дерево человеческим голосом:
Advised her one tree with human voice

"Послушай, красная девица! Как станут сад рубить, ты
Listen beautiful girl As (they) start (the) garden to chop down you

возьми одну щепочку и брось в озеро."
take one twig and throw in (the) lake

Она так и сделала, бросила щепочку в озеро -
She so also did threw (the) twig in (the) lake

щепочка обратилась золотым селезнем и поплыла по
(the) twig changed into gold drake and floated on

воде.
to
(the) water

Пришел на то озеро Змей Горыныч - вздумал
Arrived to that lake Snake Gorynych (he) decided

поохотиться, - увидал золотого селезня.
to hunt (he) saw gold drake

"Дай," думает, "живьем поймаю!"
Let's   (he) thinks   alive   (I) will catch

Снял   с   себя   чудесную   рубашку,   что   Ивану   -
Took   from   himself   magic   shirt   that   Ivan

купеческому   сыну   воробей   подарил,   и   бросился   в   озеро.
merchant   son   (the) sparrow   presented   and   (he) rushed   into   (the) lake

А   селезень   все   дальше,   дальше,   завел   Змея   Горыныча
But   (the) drake   all   further   further   lead back   Snake   Gorynych

вглубь,   вспорхнул   -   и   на   берег,   оборотился   добрым
in depth   choked   and   to   (the) coast   turned around   good

молодцем,   надел   рубашку   и   убил   змея.
young man   put on   (the) jacket   and   (he) killed   Snake

После	того	пришел	Иван	-	купеческий	сын	во	дворец,
After	that	arrived	Ivan		merchant	(the) son	in	(the) palace

Елену	Прекрасную	прогнал,	а	на	ее	служанке	женился
Elena	(The) Beautiful	(he) chased out	and	to	her	servant	was married

и	стал	с	нею	жить-поживать,	добра	наживать.
and	began	with	her	live-live on (to live)	good (happily)	to live on (live ever after)

ЕЛЕНА   ПРЕМУДРАЯ
HELENA   THE VERY WISE

В	стародревние	годы	в	некоем	царстве,	не	в	нашем
In	ancient	years	in	unspecified	reign	not	in	our

государстве,	случилось	одному	солдату	у	каменной
country	(it) happened to	one	soldier	by	stone

башни	на	часах	стоять;	башня	была	на	замок	заперта
tower	on	watch	to stand	(the) tower	was	on	lock	closed

и	печатью	запечатана,	а	дело-то	было	ночью.	Ровно	в
and	with seal (with a seal)	covered up	and	(the) matter that	was	at night	Exactly	at

двенадцать	часов	слышится	солдату,	что	кто-то	кричит
twelve	hours (o'clock)	heard	(the) soldier	that	someone	shouts

из	этой	башни:
from	this	tower

"Эй,	служивый!"
Hey	serviceman

Солдат	спрашивает:
(The) soldier	asks

"Кто	меня	кличет?"
Who	me	calls

"Это   я   -   черт,"   отзывается   голос   из-за   железной
(It)   I   (The) Devil   answers   (a) voice   from behind   iron
(is)

решетки,   "тридцать   лет   как   сижу   здесь   не   пивши,   не
bars   thirty   years   as   (I) sit   here   not   drinking   not

евши."
eating

"Что   же   тебе   надо?"
What   then   to you   is needed

"Выпусти   меня   на   волю.   Как   будешь   в   нужде,   я   тебе
Let out   me   in   freedom   If   you will be   in   need   I   to you

сам   пригожусь;   только   помяни   меня   -   и   я   в   ту   же
myself   will prove useful   only   remember   me   and   I   in   that   same

минуту   явлюсь   к   тебе   на   выручку."
minute   (I) will appear   to   you   to   out-hand
(give a hand)

Солдат   тотчас   сорвал   печать,   разломал   замок   и
(The) soldier   immediately   tore away   (the) seal   broke   (the) lock   and

отворил   двери   -   чертвы   скочил   из   башни,   взвился
opened   (the) door   (The) devil   jumped   out from   (the) tower   was raised

кверху   и   сгинул   быстрее   молнии.
upwards   and   disappeared   more rapidly   than lightning

"Ну," думает солдат, "наделал я дела; вся моя служба
Well   thinks   (the) soldier   did   I   (the) deed   entire   my   service

ни за грош пропала."
not   for   (a) half copeck   disappeared

"Теперь засадят меня под арест, отдадут под
Now   (they) will put   me   under   arrest   (they) will give out   under

военный-суд и, чего доброго, заставят сквозь строй
(the) military judge   and   that   good   (they) will let   through   (the) system
(court-martial)

прогуляться."
walk through

"Уж лучше убегу, пока время есть."
already   (it) is better   (I) run   while   time   there is

Бросил ружье и ранец на землю и пошел куда глаза
(He) threw   (the) gun   and   (the) satchel   to   (the) earth   and   went   where   (the) eyes
(wherever)

глядят.
see

Шел он день, и другой, и третий; разобрал его
Went he (a) day and another and (the) third broke down him

голод, а есть и пить нечего; сел на дороге, заплакал
(the) hunger and to eat and to drink nothing (he) sat on (the) road began to cry

горькими слезами и раздумался:
bitter tears and contemplated

"Ну, не глуп ли я? Служил у царя десять лет,
Well not foolish whether I (I) served with (the) tsar ten (the) years
(was)

каждый день по три фунта хлеба получал. Так вот
each day about three pounds bread (I) received So here

нет же! Убежал на волю, чтобы помереть голодною
not indeed (I) ran away to freedom in order to die hungry

смертию. Эх, черт, всему ты виною!"
death Oh devil of all you are guilty

Вдруг откуда ни взялся - стал перед ним нечистый и
Suddenly from where not was understood appeared before him Unclean and
(The Devil)

спрашивает:
asks

"Здравствуй, служивый! О чем горюешь?"
How do you do　serviceman　About what　you grieve

"Как мне не горевать, коли третий день с голоду
How　by me　not　to grieve　if　for (the) third　day　with　hunger

пропадаю."
(I) drop down

"Не тужи, это дело поправное!" сказал черт.
Not　grieve　(about) this　matter　(will be) righted　Said　(the) devil

Туда-сюда бросился, притащил всяких вин и припасов,
There and here (Here and there)　(he) rushed　brought　all sort of　wine　and　supplies

накормил-напоил солдата и зовет его с собою:
fed and gave to drink　(the) soldier　and　calls　him　to　himself

"В моем доме будет тебе житье привольное; пей, ешь
In　my　house　will　to you　(the) life　be comfortable　drink　eat

и гуляй, сколько душа хочет."
and　go for a walk　whatever　your mind　wants

"Только присматривай за моими дочерьми - больше
only   keep an eye   after   my   daughters   more
              (on)

мне ничего не надобно."
to me   nothing   not   necessary

Солдат согласился. Черт подхватил его под руки,
(The) soldier   agreed   (The) devil   grabbed   him   under   (the) arms

поднял высоко-высоко на воздух и принес за тридевять
raised   high and high   into   (the) air   and   brought   for   three-ninth
         (higher and higher)

земель, в тридесятое государство - в белокаменные
earth   in   three-tenth   land   in   white-stone

палаты.
chamber

У черта было три дочери - собой красавицы.
Of   (the) devil   were   three   daughters   by hemselves   beauties

Приказал он им слушать сятого солдата и кормить и
Ordered   he   them   to serve   noble   soldier   and   to feed   and

поить его вдоволь, а сам полетел творить пакости:
to give drink   to him   in abundance   and   himself   flew   to do   dirty tricks

известно - черт!
known   (to)
(only)   (the) devil

На месте никогда не сидит, а все по свету рыщет
In place never not (he) sits and all over (the) world (he) roamed

да людей смущает.
and (the) people (he) confuses

Остался солдат с красными девицами, и такое ему
Remained (the) soldier with beautiful girls and such to him

житье вышло, что и помирать не надо.
(the) life (it) left that also to die not had to

Одно его кручинит: каждую ночь уходят красные
One (thing) him grieved every night went out (the) beautiful

девицы из дому, а куда уходят - неведомо.
girls from (the) house and where (they) went out unknown

Стал было их про то расспрашивать, так не
Started (he) was them about that to question thus not

сказывают, запираются.
(they) tell (they) are closed up

"Ладно   же,"   думает   солдат.
Ok   then   thinks   (the) soldier

"буду   целую   ночь   караулить,   а   уж   усмотрю,   куда   вы
(I) will   (the) whole   night   watch   and   already   (I) will find out   where   you

таскаетесь."
get off to

Вечером   лег   солдат   на   постель,   притворился,   будто
In
(the) evening   lay   (the) soldier   on   (the) bed   acted   as if

крепко   спит,   а   сам   ждет   не   дождется   -   что-то   будет?
strongly   (he) will sleep   but   himself   (he) waits   not   waits until , for   something   will be

Вот   как   пришла   пора-время,   подкрался   он   потихоньку   к
Here   how   arrived   (the) time   crept up   he   slowly   to

девичьей   спальне,   стал   у   дверей,   нагнулся   и   смотрит
maidens'   bedroom   started   by   (the) door   to crouch   and   look

в   замочную   скважинку.
into   lock   hole

Красные девицы принесли волшебный ковер, разостлали
Beautiful girls brought magic carpet rolled out

по полу, ударились о тот ковер и сделались
on (the) floor set themselves on that carpet and turned into

голубками; встрепенулись и улетели в окошко.
pigeons (they) rose and (they) flew away through (the) window

"Что за диво!" думает солдат. "Дай-ка я попробую."
What for wonder thinks (the) soldier Let's I will try

Вскочил в спальню, ударился о ковер и обернулся
(He) jumped into (the) bedroom set himself on (the) carpet and was turned into

малиновкой, вылетел в окно да за ними вдогонку.
(a) robin flew out through (the) window and after them in chase

Голубки опустились на зеленый луг, а малиновка села
(The) pigeons (they) descended onto green meadow and (the) robin sat

под смородинов куст, укрылась за листьями и
under blackcurrant bush covered by leaves and

высматривает оттуда.
looks out from there

На то место налетело голубиц видимо-невидимо, весь
To that place flew doves visible entire
(and) invisible (a multitude)

луг прикрыли; посредине стоял золотой трон.
meadow (they) covered in stood gold throne
(the) center

Немного погодя осияло и небо и землю - летит по
A little later brightened and (the) sky and (the) earth flies in
(both)

воздуху золотая колесница, в упряжи шесть огненных
(the) air golden chariot in six fiery
(the) drawgear (pulled by)

змеев; на колеснице сидит королевна Елена Премудрая.
dragons on (the) chariot sits (the) princess Helena (The) Very Wise

Такой красы неописанной, что ни вздумать, ни взгадать,
such beauty indescribable that not to think about not to guess about

ни в сказке сказать!
not in (a) fairy tale to tell

Сошла она с колесницы, села на золотой трон;
Went out she from (the) chariot sat on golden throne

начала подзывать к себе голубок по очереди и учить
began to call up to herself (the) pigeons in turns and to teach

их разным мудростям.
them different wisdoms

Покончила ученье, вскочила на колесницу - и была
(She) finished (the) study jumped onto (the) chariot and was

такова!
such
(gone)

Тут все до единой голубки снялись с зеленого лугу и
Here all (to) united (the) pigeons took up from green meadow and

полетели каждая в свою сторону.
flew each in it's own side
(direction)

Птичка-малиновка вспорхнула вслед за тремя сестрами и
(The) robin-bird flew up after behind three sisters and

вместе с ними очутилась в спальне.
together with them appeared in (the) bedroom

Голубки ударились о ковер - сделались красными
Pigeons set down onto (the) carpet (they) turned into beautiful

девицами, а малиновка ударилась - обернулась солдатом.
girls and (the) robin set itself own changed into (the) soldier

"Ты откуда?" спрашивают его девицы.
You from where ask him (the) girls

"А я с вами на зеленом лугу был, видел прекрасную
Well I with you on green meadow was saw beautiful

королевну на золотом троне и слышал, как учила вас
princess on golden throne and (I) heard how taught you

королевна разным хитростям."
(the) princess different tricks

"Ну, счастье твое, что уцелел!"
Well lucky you that you survived

109 Елена Премудрая

"Ведь эта королевна - Елена Премудрая, наша могучая
Indeed *this* *princess* *Helena* *(The) Very Wise* *our* *powerful*

повелительница."
mistress

"Если б при ней да была ее волшебная книга, она
If *would be before* *her* *yes* *was* *her* *magic* *book* *she*

тотчас бы тебя узнала - и тогда не миновать бы
immediately *would* *you* *recognize* *and* *then* *not* *pass (spare)* *would*

тебе злой смерти."
you *evil* *death*

"Берегись, служивый! Не летай больше на зеленый луг,
Guard yourself *service man (soldier)* *Not* *fly* *more* *to* *green* *meadow*

не дивись на Елену Премудрую, не то сложишь буйну
not *marvel* *at* *Helena* *(The) Very Wise* *not* *that* *you will lay down* *violently*

голову."
(the) head

Солдат не унывает, те речи мимо ушей пропускает.
(The) soldier *not* *loses heart* *that* *speech* *by* *(the) ears* *passes*

Дождался другой ночи, ударился о ковер и сделался
(He) waited for   another   night   set himself   onto   (the) carpet   and   was made

птичкой-малиновкой.
(a) robin-bird

Прилетела малиновка на зеленый луг, спряталась под
(He) arrived flying   (the) robin   on   green   meadow   hid   under

смородинов куст, смотрит на Елену Премудрую, любуется
(the) blackcurrant   bush   looks   at   Helena   (The) Very Wise   Loves

ее красотой ненаглядною и думает:
her   for   unwatchable   and   (he) thinks
   (the) beauty

"Если бы такую жену добыть - ничего б в свете
If   (I) would   such   (a) wife   obtain   nothing   would   in   (the) world

пожелать не осталося!"
to wish for   not   remained

"Полечу-ка я следом за нею да узнаю, где она
Fly   I   after   behind   her   yes   (I) will find out   where   she

проживает."
lives

111 Елена Премудрая

Вот сошла Елена Премудрая с золотого трона, села
Here *went off* *Helen* *(The) Very Wise* *from* *golden* *throne,* *sat*

на свою колесницу и понеслась по воздуху к своему
on *her* *chariot* *and* *was carried* *in* *to air* *to* *to her*

чудесному дворцу; следом за ней и малиновка полетела.
wonderful *palace;* *after* *behind her* *also* *(the) robin* *flew*

Приехала королевна во дворец; выбежали к ней
Arrived *(the) princess* *in* *(the) palace;* *Ran out* *to* *her*

навстречу няньки и мамки, подхватили ее под руки и
to meet *(the) nurses* *and* *(the) wet-nurses* *(they) caught* *her* *by* *(the) hands* *and*

увели в расписные палаты. А птичка-малиновка порхнула
led *in* *adorned* *chamber.* *But* *(the) robin-bird* *landed*

в сад, выбрала прекрасное дерево, что как разстояло
in *(the) garden* *selected* *excellent* *tree,* *that* *as* *stood*

под окном королевниной спальни:
under *(the) window of* *bedroom*
(the) princesses

уселась	на	веточке	и	начала	петь	так	хорошо	да
(it) sat	on	(a) small branch	and	began	to sing	so	good	and

жалобно,	что	королевна	целую	ночь	и	глаз	не
sorrowful	that	(the) princess	whole	night	also	(the) eyes	not

смыкала	-	все	слушала.
shut		everything	(she) listened to

Только	взошло	красное	солнышко,	закричала	Елена
Just as	ascended	red	sun	yelled	Helena

Премудрая	громким	голосом:
(The) Very Wise	with loud (with a loud)	voice

"Няньки,	мамки,	бегите	скорее	в	сад;	изловите	мне
Nannies	wet-nurses	you run	fast	in	(the) garden	you will capture	for me

птичку-малиновку!"
(the) robin bird

Няньки	и	мамки	бросились	в	сад,	стали	ловить
(The) nannies	and	(the) wet-nurses	(they) rushed	in	(the) garden	began	catching

певчую	пташку...
(the) singing	birdie

Да	куда	им,	старухам!	Малиновка	с	кустика	на	кустик
Yes	where (how)	to them	(the) old women	(The) robin	from	bush	to	bush

перепархивает,	далеко	не	летит	и	в	ручки	не	дается.
flutters	far	not	flies	and	in	(the) hands	not	gave itself over

Не	стерпела	королевна,	выбежала	в	зеленый	сад,	хочет
Not	took time	(the) princess	ran out	in	green	garden	wants

сама	ловить	птичку-малиновку;	подходит	к	кустику	-
herself	to catch	(the) robin bird	(she) approaches	to	(the) bush	

птичка	с	ветки	не	трогается,	сидит	спустя	крылышки,
(the) bird	on	(the) branch	not	moves	(it) sits	with folded	wings

словно	ее	дожидается.
as if	her	awaits

Обрадовалась	королевна,	взяла	птичку	в	руки,	принесла
Was happy	(the) princess	took up	(the) bird	in	(the) hands	(it) brought

во	дворец,	посадила	в	золотую	клетку	и	повесила	в
in	(the) palace	(it) set	in	golden	cage	and	(it) hung	in

своей	спальне.
her	bedroom

День **прошел,** **солнце** **закатилось,** **Елена** **Премудрая**
Day   (it) passed   (the) sun   moved   Helena   (The) Very Wise

слетала **на** **зеленый** **луг,** **воротилась,** **начала** **снимать**
flew   to   green   meadow   returned   began   to remove

уборы, **разделась** **и** **легла** **в** **постель.**
(the) attire   was finished   and   laid   in   (the) bed
(clothes)

Как **только** **уснула** **королевна,** **птичка-малиновка**
As   only   fell asleep   (the) princess   (the) robin bird

обернулась **мухою,** **вылетела** **из** **золотой** **клетки,**
changed itself   in a flash   flew out   from   golden   cage

ударилась **об** **пол** **и** **сделалась** **добрым** **молодцем.**
set down   on   (the) floor   and   was made into   good   young man

Подошел **добрый** **молодец** **к** **королевниной** **кроватке,**
Went on   good   young man   to   princesses   bed

смотрел, **смотрел** **на** **красавицу,** **не** **выдержал** **и**
(he) looked   (he) looked   at   (the) beauty   not   (it) sustained   and

поцеловал **ее** **в** **уста** **сахарные.**
kissed   her   on   (the) mouth of sugar
(sweet)

115   Елена Премудрая

Видит   -   королевна   просыпается,   обернулся   поскорей
(He) sees   (the) princess   wake up   turned   quickly

мухою,   влетел   в   клетку   и   стал   птичкой-малиновкой.
in a flash   (it) flew   in   (the) cage   and   became   (a) robin bird

Елена   Премудрая   раскрыла   глаза,   глянула   кругом   -   нет
Helena   (The) Very Wise   opened   (the) eyes   cast a look   around   no

никого.
no one

"Видно,"   думает,   "мне   во   сне   это   пригрезилось!"
Evidently   (she) thinks   to me   in   (the) sleep   this   (I) dreamed

Повернулась   на   другой   бок   и   опять   заснула.
(She) turned   on   other   side   and   again   fell asleep

А солдату крепко не терпится; попробовал вдругой и в
But (the) soldier strongly not was patient (it) tried an other and for

третий раз - чутко спит королевна, после всякого
(the) third time hardly sleeps (the) princess afterward every time

поцелуя пробуждается.
by wakes up
(the) kiss

На третий раз встала она с постели и говорит:
At (the) third time arose she from (the) bed and says

"Тут что-нибудь да недаром: дай-ка посмотрю в
Here something yes not right give (I) look in
(that)

волшебную книгу."
magic book

Посмотрела в свою волшебную книгу и тотчас узнала,
(She) looked in her magic book and immediately found out

что сидит в золотой клетке не простая
that sits in golden cage not simple

птичка-малиновка, а молодой солдат.
robin bird but young soldier

117 Елена Премудрая

"Ах ты!" закричала Елена Премудрая.
Ah you yelled Helena (The) Very Wise

"Выходи-ка из клетки. За твою неправду ты мне
Get yourself out from (the) cage For your untruth you to me

жизнью ответишь."
by you answer
(the) life

Нечего делать - вылетела птичка-малиновка из золотой
Nothing to do Flew out (the) robin bird from golden

клетки, ударилась об пол и обернулась добрым
cage set itself on (the) floor and changed into good

молодцем.
young man

"Нет тебе прощенья!" сказала Елена Премудрая и
Not for you mercy said Helena (The) Very Wise and

крикнула палача рубить солдату голову.
shouted executioner chop off of (the) head
                                     (the) soldier

Откуда ни взялся - стал перед ней великан с
From where not (it) was clear appeared before her (a) giant with

топором и с плахою, повалил солдата наземь, прижал
(an) axe and with (an) executioner's block (he) held (the) soldier down pressed

его буйную голову к плахе и поднял топор.
him forcefully (the) head to (the) block and raised (the) axe

Вот махнет королевна платком, и покатится молодецкая
Here waves (the) princess (the) shawl and will roll heroes
(if)

голова...
head

"Смилуйся, прекрасная королевна," сказал солдат со
Have pity beautiful princess said (the) soldier with

слезами, "позволь на последях песню спеть."
tears allow for (the) song to sing
(the) last (time)

"Пой, да скорей!"
Sing and fast
(but)

Солдат затянул песню, такую грустную, такую жалобную,
(The) soldier spun into such sadness such sorrow
(wove) (the) song

что Елена Премудрая сама расплакалась; жалко ей
that Helena (The) Very Wise herself (she) began to cry pity she

стало доброго молодца, говорит она солдату:
started to have for good young man said she to
(the) soldier

"Даю тебе сроку десять часов; если ты сумеешь в
(I) give to you a period of ten (the) hours if you will know how in

это время так хитро спрятаться, что я тебя не найду,
this time thus cunningly to hide yourself that I you not find

то выйду за тебя замуж; а не сумеешь этого дела
than (I) will go out for you to marry and not you will know how this deed

сделать, велю рубить тебе голову."
to do (I) will order to chop off of you (the) head

Вышел солдат из дворца, забрел в дремучий лес, сел
Went out (the) soldier from (the) palace (he) strayed into dense forest sat

под кустик, задумался-закручинился.
under a bush pondered grew sad

"Ах, дух нечистый! Все из-за тебя пропадаю."
Ah   spirit   unclean   Everything because of you   (I) fell into

В ту ж минуту явился к нему черт:
In   that   very minute   appeared   to   him   (the) devil

"Что тебе, служивый, надобно?"
What   to you   serviceman   is necessary

"Эх," говорит, "смерть моя приходит! Куда я от Елены
Ah   (he) said   death   mine   is coming   Where   I   from   Helena

Премудрой спрячусь?"
(the) Very Wise   will hide

Черт ударился о сырую землю и обернулся сизокрылым
(The) devil struck   on   damp   earth   and   changed into   wide winged

орлом:
eagle

"Садись, служивый, ко мне на спину, я тебя занесу в
Sit down yourself serviceman   on   to me   onto   (the) back   I   you   will carry   into

поднебесье."
(the) skies

Солдат сел на орла; орел взвился кверху и залетел
(The) soldiers sat onto (the) eagle (the) eagle rose itself upwards and flew in

за облака-тучи черные.
behind a cloud black

Прошло пять часов.
Passed five hours

Елена Премудрая взяла волшебную книгу, посмотрела -
Helena (the) Very Wise took up magic book looked

и все словно на ладони увидела; возгласила она
and everything as if on (the) side (she) saw proclaimed she

громким голосом:
loud voice

"Полно, орел, летать по поднебесью; опускайся на низ -
(It) is done eagle fly on to descend down
(the) skies

от меня ведь не укроешься."
from me indeed not you hide

Орел   опустился   наземь.   Солдат   пуще   прежнего
(The) eagle   descended   down   (The) soldier   in   previous
(the) forest

закручинился:
grew sad

"Что   теперь   делать?   Куда   спрятаться?"
What   now   to do   Where   to hide

"Постой,"   говорит   черт,   "я   тебе   помогу."
Calm down   said   (the) devil   I   you   will help

Подскочил   к   солдату,   ударил   его   по   щеке   и   оборотил
(He) ran up   to   (the) soldier   struck   him   on   (the) cheek   and   turned into

булавкою,   а   сам   сделался   мышкою,   схватил   булавку   в
a pin   and   himself   made into   a mouse   gripped   (the) pin   in

зубы,   прокрался   во   дворец,   нашел   волшебную   книгу   и
(the) teeth   sneaked   in   (the) palace   found   magic   book   and

воткнул   в   нее   булавку.
inserted   in   it   (the) pin

Прошли   последние   пять   часов.
Passed   (the) last   five   hours

123 Елена Премудрая

Елена	Премудрая	развернула	свою	волшебную	книгу,
Helena	(the) Very Wise	opened	her	magic	book

смотрела,	смотрела	-	книга	ничего	не	показывает;
looked	looked		(the) book	nothing	not	shows

крепко	рассердилась	королевна	и	швырнула	ее	в	печь.
strongly	was angered	(the) princess	and	(it) flung	it	in	(the) furnace

Булавка	выпала	из	книги,	ударилась	об	пол	и
(The) pin	fell out	of	(the) book	struck	on	(the) floor	and

обернулась	добрым	молодцем.
turned into	good	young man

Елена	Премудрая	взяла	его	за	руку.
Helena	(the) Very Wise	took up	him	by	(the) hand

"Я,"	говорит,	"хитра,	а	ты	и	меня	хитрей!"
I	(she) said	am cunning	but	you	even	me	are more cunning than

Не **стали** **они** **долго** **раздумывать,** **перевенчались** **и**
Not   went   they   for long   to consider   connected themselves   and
                                             (married)

зажили **себе** **припеваючи.**
lived   themselves singing

КОРОЛЕВИЧ   И   ЕГО   ДЯДЬКА
PRINCE   AND HIS   SERVANT

Жил-был   король,   у   него   был   сын-подросток.
(There) lived once   (a) king   with   him   was   (an) adolescent son

Королевич   был   всем   хороши   лицом   и   нравом,   да
Prince   was   all   good   of looks   and   of character   but

отец-то   его   плох: все   его   корысть   мучила,   как   бы
father then   (than) him   (was) worse   all   him   self-interest   worried   like how   would
                          (that)   (cared)

лишний   барыш   взять   да   побольше   оброку   сорвать.
more   profit   to get   yes   (a) little more   rent   to grab
                    (and)

Увидел   король   раз   старика   с   соболями,   с   куницами,   с
Saw   (the) king   once   (an) old man   with   sables   with   martens   with

бобрами,   с   лисами:
beavers   with   foxes

"Стой,   старик!   Откудова   ты?"
Stop   old man   From where   you

"Родом   из   такой-то   деревни,   батюшка,   а   нынче   служу
By birth   from   such and such   village   father   and   nowadays   (I) serve

у   лешего."
with   (the) woodgoblin

"А   как   вы   зверей   ловите?"
But   how   you   beasts   catch

"Да   леший   наставит   петли-лесы,   зверь   глуп   -   и
Yes   woodgoblin   sets   (a) noose trap of   (the) beasts (are) foolish   and
                                  (the) forest (a forest trap)

попадет."
get into it

"Ну,   слушай,   старик!   Я   тебя   вином   напою   и   денег
Well   listen   old man   I   you   wine   will pour   and   money

дам: укажи   мне,   где   лесы   ставите?"
will give   show   to me   where   (the) forest is located

Старик   соблазнился   и   указал.
(The) old man was tempted   and   showed
                                        (it)

Король   тотчас   же   велел   лешего   поймать   и   в   железный
(The) king   immediately   however   ordered   (the) woodgoblin   to be caught   and   in   (an) iron

столб   заковать,   а   в   его   заповедных   лесах   свои   лесы
cage   to be chained   and   in   his   forbidden   forests   its   wood

поделал.
to work

Вот   сидит   леший   в   железном   столбе   да   в   окошечко
Here   sits   (the) woodgoblin   in   (an) iron   cage   yes
(and)   in   (a) small window
(through)

поглядывает,   а   тот   столб   в   саду   стоял.
looks out   and   that   cage   in   (the) garden   stood

Вышел   королевич   с   бабками,   с   мамками,   с   верными
Came out   (the) prince   with   (the) old women   and   (the) wet-nurses   and   (the) faithful

служанками   погулять   по   саду,   идет   мимо   столба,   а
servants   to take a walk   on   (the) garden   (He) goes   by   (the) cage   and
(in)

леший   кричит   ему:
(the) wood goblin   shouts   to him

"Королевское   дитя!   Выпусти   меня: я   тебе   сам
Royal   child   Let out   me   I   to you   yourself

пригожусь."
will prove useful

Пожалел   королевич   лешего:
Started to feel sorry   (the) prince   (for the) woodgoblin

"Да   как   же   я   тебя   выпущу?"
Yes   how   however   I   you   will let out

"А пойди к своей матери, улучи минуту, вытащи ключ
But go to your mother seize (the) minute take out (the) key

у ней из кармана да меня и выпусти."
of her from (the) pocket yes me also let out

Королевич так и сделал: вытащил ключ из кармана
(The) Prince thus also did (he) took out (the) key from (the) pocket

матери, прибежал в сад, сделал себе стрелку, положил
(of the) mother came running into (the) garden made himself (an) arrow put

на тугой лук и пустил ее далеко-далеко, а сам
on tight bow and released it far far away and self

кричит, чтоб мамки и няньки ловили стрелу; мамки и
shouts so that (the) wet-nurses and nurses caught (the) arrow wet-nurses and
(would find) (the wet-nurses)

няньки разбежались, в это время королевич отпер
nurses (they) scattered in this time (the) prince unlocked

железный столб и высвободил лешего.
(the) iron cage and freed (the) wood-cutter

Пошел леший рвать королевские леса!
Went (the) woodgoblin to rob (the) royal forests

Видит   король,   что   звери   больше   не   попадаются,
Sees   (the) king   that   (the) beasts   more   not   fall themselves
(will fall into his hands)

осерчал   и   напустился   на   свою   жену:
got angry   and   accused   to   his   wife
()

"зачем   ключ   давала,   лешего   выпускала?"
why   (the) key   (she) gave   (the) woodgoblin let out

И   созвал   король   бояр,   генералов   и   думных   людей,   как
And   called   (the) king   (the) boyars   (the) Generals   and   councillors   (the) people   as
(duma)

они   присудят: голову   ли   ей   на   плахе   снять   а   ли   в
they   judged   (the) head   whether   of her   on   (the) block   to remove   or   whether   in

ссылку   сослать?
banishment   to exile

Плохо   пришлось   королевичу   -   жаль   родную   мать,   и
Bad   became   (the) prince   feeling pity   for his own   mother   and

признался   он   отцу,   что   это   его   вина: вот   так-то   и
admitted   he   (to his) father   that   this   his   fault   here   this way   and
(this was)

так-то   все   дело   было.
that way   all   (the) matter   was

Взгоревался	король:	что	ему	с	сыном	делать?	Казнить
Grieved	(the) king	what	to him	with	(the) son	to do	To execute

нельзя.
impossible (he could not)

Присудили	отпустить	на	все	четыре	стороны,	на	все
(They) sentenced	to let out	to	all	four	sides	to	all

ветры	полуденные,	на	все	вьюги	зимние,	на	все	вихри
winds	midday	to	all	storms	winter	to	all	whirlwinds

осенние;	дали	ему	котомку	и	одного	дядьку.
In autumn	(they) gave	to him	(a) knapsack	and	one	uncle (old servant)

Вышел	королевич	с	дядькою	в	чистое	поле.	Шли	они
Left	(the) prince	with	his old servant	in	(the) open	field	Went	they

близко	ли,	далеко	ли,	низко	ли,	высоко	ли	и	увидали
close	be it	far	be it	low	be it	high	be it	and	(they) saw

колодезь.	Говорит	королевич	дядьке:
(a) well	Said	(the) prince	(to the) old servant

"Ступай	за	водою!"
Get down	to	(the) water

"Нейду!"   отвечает   дядька.
(I) won't go   responded   (the) servant

Пошли   дальше,   шли,   шли   -   опять   колодезь.
(They) went   further   (they) went   (they) went   again   (a) well

"Ступай   принеси   воды!   Мне   пить   хочется,"   просит
Get down   take back   water   Me   to drink   (I) want   requested

дядьку   королевский   сын   в   другой   раз.
from servant   (the) king's   son   (in)   another   time
(from the old servant)

"Нейду!"   говорит   дядька.
(I) won't go   said   (the) servant

Вот   еще   шли,   шли   -   попадается   третий   колодезь,
Here   again   (they) went   (they) went   gets found   (the) third   well

дядька   опять   не   йдет,   и   пошел   за   водою   сам
(the) servant   again   not   goes   and   went   for   (the) water   himself

королевич.
(the) prince

Спустился в колодезь, а дядька захлопнул его крышкою
(He) descended into (the) well and (the) servant slammed shut it (by the) lid

и говорит:
and says

"Не выпущу! Будь ты слугой, а я - королевичем."
Not (I) will let out Were you (the) servant and I (the) prince

Нечего делать, королевич согласился. Потом поменялись
Nothing to do (the) prince agreed Then exchanged

они платьями и отправились дальше.
they clothes and (they) set off further

У Вот пришли они в иное государство, идут к царю
By Here arrived they in another country (they) go to (the) tsar

во дворец - дядька впереди, а королевич позади.
in (the) palace (the) servant in front and (the) prince behind

Стал дядька жить у того царя в гостях: и ест и
Started (the) servant to live with that tsar in guest and eat and
(as)

пьет с ним за одним столом.
drink with him at one table

Вот   и   говорит   дядька   царю:
Here   also   said   (the) servant   (to the) tsar

"Ваше   царское   величество!   Возьмите   моего   слугу   на
Your   tsarist   majesty   Take   my   servant   to

кухню."
(the) kitchen

Взяли   королевича   на   кухню,   заставляют   его   дрова
(They) took   (the) prince   to   (the) kitchen   (they) force   him   firewood

носить,   кастрюли   чистить.
to carry   (the) saucepan   to clean

Немного   прошло   времени   -   выучился   королевич   готовить
(A) little   passed   (the) time   learned   (the) prince   to prepare

кушанья   лучше   царских   поваров.
(the) food   better than   (the) tsarist   cooks

Узнал   про   то   государь,   полюбил   его   и   стал   дарить
Learned   about   that   (the) sovereign   started to like   him   and   started   to give

золотом.
gold

Поварам показалось обидно, и стали они искать
To   this seemed offensive and began they to search for
(the) cooks

случая, как бы извести его.
(a) case as how to get rid of him

Вот один раз сделал королевич пирог и поставил в
Here one time made (the) prince piroques and placed in

печку, а повара добавили яду, взяли да и посыпали
(the) oven and (the) cooks (they) added poison (they) took yes and (they) strewed

на пирог.
onto (the) pirogues

Сел царь обедать, подают пирог; царь только было за
Sat down (the) tsar to dine (they) feed him (the) pirogues (the) tsar only was to

нож взялся, как бежит главный повар:
(the) knife taken up as runs (the) head cook

"Ваше величество! Не извольте кушать."
Your majesty Not please to eat

И насказал на королевича многовсякой напраслины.
And telled on to (the) prince many lies

Царь не пожалел своей любимой собаки, отрезал кусок
(The) tsar not was sorry for his loved dog cut off (a) piece

пирога и бросил наземь: собака съела да тут же
(of the) pirogue and threw down to (the) dog (it) ate yes here however

издохла.
breathed out
(died)

Призвал государь королевича, закричал на него грозным
Called (the) sovereign (the) prince yelled to him (with a) terrible

голосом:
voice

"Как ты смел с отравой пирог изготовить, сейчас велю
How you dared with poison pirogues to prepare now (I) order

тебя казнить лютою казнью!"
you to be punished (by a) cruel punishment

"Знать не знаю, ведать не ведаю, ваше величество!"
To know not (I) know to order not to order your majesty

отвечает королевич.
responds (the) prince

"Видно,   поварам   в обиду   стало,   что   вы   меня   жалуете:
Evidently   (the) cooks   (in) offended   became   that   you   me   like

нарочно   меня   под ответ   подвели."
purposely   me   under answer   led
                                (framed)

Царь   его   помиловал,   велел   конюхом   быть.   Повел
(The) tsar   him   showed mercy   ordered   (a) groom   to be   Led

королевич   коней   на   водопой,   а   навстречу   ему   леший:
(the) prince   (the) horses   to   (the) watering hole   and   (coming) towards   him   (the) woodgoblin

"Здорово,   королевский   сын!   Пойдем   ко   мне   в   гости!"
Greetings   royal   son   Let us go   to   me   in   visit

"Боюсь,   кони   разбегутся."
(I) fear   (the) horses   run about

"Ничего,   пойдем!"
Nothing   let us go

Изба   тут же   очутилась.
Cottage   immediately   appeared

139 Королевич И Его Дядька

У лешего три дочери; спрашивает он старшую:
With wood-goblin three daughters asks he (the) elder

"А что ты присудишь королевскому сыну за то, что
And what you award royal son for that that

меня из железного столба выпустил?"
me from iron cage (he) let out

Дочь говорит:
(The) daughter said

"Дам ему скатерть-самобранку."
(I) will give to him (a) tablecloth selfsetting

Вышел королевич от лешего с подарком, смотрит -
Left (the) prince from woodgoblin with (the) gift looks

кони все тут; развернул скатерть - чего хочешь, того
(the) horses all here (he) expanded (the) tablecloth what you want that

просишь: явились и питье и еда!
you get (they) appeared both drink and food

На другой день гонит он царских коней на водопои,
On (the) next day chased he tsarist horses to (the) watering hole

а леший опять навстречу:
and woodgoblin again came up to

"Пойдем ко мне в гости!"
Let us go to me in visit

Привел и спрашивает среднюю дочь:
led in and asks (the) middle daughter
(he led him in)

"А ты что королевскому сыну присудишь?"
And you what royal son you confer
(give)

"Я ему подарю зеркальце: что захочешь, все в
I him give (a) mirror what (you) will want everything in
(whatever)

зеркальце увидишь!"
(the) mirror you see

На третий день опять попадается королевичу леший,
On (the) third day again came upon (the) prince (the) woodgoblin

ведет к себе в гости и спрашивает меньшую дочь:
(he) leads to himself to stay and (he) asks (the) youngest daughter

141 Королевич И Его Дядька

"А ты что королевскому сыну присудишь?"
And you what royal son (you) award

"Я ему подарю дудочку: только к губам приложи,
I to him give (a) flute only to (the) lips put

сейчас явятся и музыканты и песельники."
immediately appear both (the) musicians and singers

Весело стало жить королевскому сыну: ест-пьет хорошо,
Happily began to live royal son eating , drinking good

все знает, все ведает, музыка целый день гремит. Чего
everything (he) knows everything manages (the) music (the) whole day (it) thunders What

лучше? А кони-то, кони-то! Чудо, да и только: и
is better But (the) horses then (the) horses then Miracle yes and just and (both)

сыты, и статны, и на ногу резвы. Начал царь
satisfied and stately and on foot (hooves) light Began (the) tsar

хвалиться своей любимой дочери, что послала ему
to praise his beloved daughter that sent to it

судьба славного конюха.
(the) fate heroic groom

А прекрасная царевна и сама давным-давно конюха
But beautiful tsar's daughter also herself long-long ago (the) groom

заприметила: да как и не заметить красной девице
had noticed yes how also not to note (the) pretty girl

добра молодца! Любопытно стало царевне: отчего у
(the) good young man Curious became (the) tsar's daughter why with

нового конюха лошади и резвее и статнее, чем у
new groom (the) horses both livelier and more stately than with

всех других? "Дай," думает, "пойду в его горницу,
all others Let me (she) thinks go into his room

посмотрю, как он, бедняжка, поживает?"
(I) will watch how he poor survives

Улучила время, когда королевич на водопой коней
(It) happened to be (the) time when (the) prince to (the) watering hole (the) horses

погнал, пришла в его горницу, а как глянула в
chased went in his room and as (she) cast a look in

зеркальце - тотчас все смекнула и унесла с собой и
(the) mirror immediately everything (she) understood and took away with herself and

скатерть самобранку, и зеркальце, и дудочку.
(the) tablecloth selfsetting and (the) mirror and (the) flute

В это время случилась у царя беда: наступил на его
In this time (it) happened with (the) tsar misfortune there came upon his

царство семиглавый Идолище, просит себе царевну в
kingdom (a) sevenheaded monster (he) requested for himself (the) tsar's daughter in

замужество. "А если не выдадут, так и силой возьму!"
marriage But if not give out then also by force (I) will take
(they hand her over)

сказал он и расставил свое войско - тьму-тьмущую.
said he and arranged his army dark-darker

Плохо пришлось царю: кликнул он клич по всему
Bad (this) received (the) tsar called he (the) call on to all

своему царству, сзывает князей и богатырей: кто из
his reign (he) calls (the) princes and (the) heroes who from

них победит Идолища семиглавого, тому обещает дать
them will conquer (the) Monster sevenheaded to that (he) promises to give
(person)

половину царства и в добавок дочь в замужество. Вот
half (the) reign and in addition (the) daughter in marriage Here

собрались князья и богатыри, поехали сражаться против
(they) were assembled (the) princes and (the) heroes (they) went battled against

Идолища, отправился и дядька с царским войском.
(the) monster (it) left also (the) servant with (the) tsar's warriors

И   наш   конюх   сел   на   кобылу   сиву   и   потащился   вслед
And   our   groom   sat   onto   (the) mare   gray   and   dragged himself   after

за   другими.
behind (the) others

Едет,   а   навстречу   ему   леший:
Went   but   towards   him   (the) woodgoblin

"Куда   ты,   королевский   сын?"
Where-to   you   royal   son

"Воевать."
To war

"Да   на   кляче   далеко   не   уедешь!   А   еще   конюх!
Yes   on   (the) old horse   far   not   you will go out   And   also   (a) groom

Пойдем   ко   мне   в   гости!"
Let us go   to   me   in   visit

Привел   в   свою   избу,   зачерпнул   ему   ковш   воды.
(He) brought   in   his   cottage   (he) scooped   for him   (a) ladle   of water

Королевич   выпил.
Prince   drank

"Много   ль   в   себе   силы   чувствуешь?"   спрашивает   леший.
Much   maybe   in   yourself   strength   (you) feel   asks   woodgoblin
[him asked the woodgoblin

"Да   если   б   была   палица   в   пятьдесят   пудов,   я   б   ее
Yes   if   would were   (a) club   in   fifty   poods   I   would it
              (be)   (of)   (pood is 16.38 kg)

вверх   подбросил   да   свою   голову   подставил,   а   удара   и
upward   tossed   yes   my   head   held under   but   (the) impact   also
            (toss)   (and)   (held under it)

не   почуял   бы."
not   felt   would
      (feel)

Дал   ему   другой   ковш   выпить:
Gave   to him   another   ladle   to drink

"А   теперь   много   ли   силы?"
And   now   much   whether   strength

"Да   если   б   была   палица   во   сто   пудов,   я   б   ее
Yes   if   would   was   (a) club   in   one hundred poods   I   would it
              (be)   (of)

выше   облаков   подбросил!"
above   (the) clouds   tossed up
                        (toss up)

Зачерпнул   ему   третий   ковш:
(He) scooped   for him   (a) third   ladle

"А   теперь   какова   твоя   сила?"
And   now   how   your   strength

"Да   если   бы   утвердить   столб   от   земли   до   неба,   я
Yes   if   would   attach   (a) pole   from   (the) earth   to   (the) sky   I

бы   всю   вселенную   повернул!"
would   entire   (the) universe   turned
                                  (turn)

Леший   зачерпнул   воды   из   другого   чана   и   подал
(The) woodgoblin scooped   water   from   (an)other   vat   and   fed

королевичу;   королевич   выпил   -   и   поубавилось   у   него
to   (the) prince   (it) drank   and   increased   with   him
(the) prince

силы   кабы   на   седьмую   часть.
(the) force   as if   to   (the) seventh   part
(times)

После   этого   вывел   его   леший   на   крыльцо,   свистнул
After   this   led out   him   woodgoblin   to   (the) porch   (he) whistled

молодецким   посвистом;   отколь   ни   взялся   -   вороной
(a) valiant   whistle   break   not   was undertaken   war

конь   бежит,   земля   дрожит,   из   ноздрей   пламя,   из   ушей
horse   runs   (the) earth   shakes   from   nostrils   (spurt) flames   from   (the) ears

дым   столбом,   из-под   копыт   искры   сыплются.
smoke   clouded   from under   (the) hooves   sparks   fall

Прибежал   к   крыльцу   и   пал   на   коленки.
(It) came running   to   (the) porch   and   fell   to   (the) knees

"Вот   тебе   конь!"
Here   to you   (a) horse

Дал ему еще палицу-буявицу да плеть шелковую.
(He) gave to him also fighting staff and (a) lash of silk

Выехал королевич на своем вороном коне с упротив
Left (the) prince on his black horse with opposite

рати неприятельской; смотрит, а дядька его на березу
army hostile (he) looks and (the) servant him in (a) birch

взлез, сидит да от страху трясется.
climbing sits and from fear shakes

Королевич стегнул его плеткою раз-другой и полетел на
Prince whipped his lash once-again and flew onto

вражее воинство:
(the) enemy army

много воинов мечом прирубил, еще больше конем
many soldiers (with the) sword cut down still more (with the) horse

притоптал, самому Идолищу семь голов снес.
trampled (the) very same Monster (with) seven heads (he) brought down

А   царевна   все   это   видела: не   утерпела,   чтоб   не
And   (the) tsar's daughter   all   this   saw   not   restrained   in order to   not

посмотреть   в   зеркальце,   кому   она   достанется.
to look   into   (the) mirror   which   she   had taken for herself

Тотчас   выехала   навстречу,   спрашивает   королевича:
Immediately   (she) left   towards   ask   (the) prince

"Чем   себя   поблагодарить   велишь?"
With what   yourself   to thank   (you) wish

"Поцелуй   меня,   красна   девица!"
Kiss   me   pretty   girl

Царевна   не   устыдилася,   прижала   его   к   ретиву   сердцу
(The) tsar's daughter   not   was shy   pressed   him   to   passionate   heart

и   громко-громко   поцеловала,   так   что   все   войско
and   loudly-loudly   (she) kissed   so   that   all   (the) army

услышало.
(it) heard

Королевич ударил коня - и был таков!
(The) prince struck (the) horse and was such
(spurred on) (away)

Вернулся домой и сидит в своей горенке, словно и
(He) returned home and sits in his room as if also

на сражении не был, а дядька всем хвастает, всем
to (the) battle not (he) was and (the) servant to all brags to all

рассказывает:
(he) says

"Это я был, я Идолище победил!"
This I was I (the) Monster conquered

Царь встретил его с большим почетом, сговорил за
(The) tsar met him with large honor arranged for for

него свою дочь и задал великий пир.
him his daughter and gave great feast

Только царевна не будь глупа - возьми да и
Only (the) tsar's daughter not was for dumb taken yes and

скажись, что у ней головушка болит, ретивое щемит.
says that with her (the) head (it) hurts feverishly (it) presses

Как   быть,   что   делать   нареченному   зятю?
As   (it) was   what   to do   (the) betrothed   son in law

"Батюшка,"   говорит   он   царю,   "дай   мне   корабль,   я
Father   said   he   to   give   to me   (a) ship   I
                                      (the) tsar

поеду   за   лекарствами   для   своей   невесты,   да   прикажи
(I) will go   for   (the) medicines   for   my   bride   yes   command

и   конюху   со   мною   ехать: я   ведь   больно   к   нему
also   (the) groom   with   me   to travel   I   indeed   painfully   to   him

привык!"
accustomed

Царь   послушался,   дал   ему   корабль   и   конюха.
Tsar   (it) obeyed   (he) gave   to him   (the) ship   and   (the) groom

Вот   они   и   поехали;   близко   ли,   далеко   ли   отплыли -
Here   they   also   went   close   or   far   whether   (they) sailed off

дядька   приказал   сшить   куль,   посадить   в   него   конюха
(the) servant   ordered   to sew   (a) bag   set   in   it   (the) groom

и   пустить   в   воду.
and   throw out   in   (the) water

Царевна глянула в зеркальце, видит - беда! Села в
(The) Tsar's daughter cast in (the) mirror sees misfortune (She) sat in
(a) look

коляску - и поскорей к морю, а на берегу уж леший
(a) carriage and (went) quickly to (the) sea and on (the) beach already woodgoblin

сидит да невод вяжет.
sits and (a) sweep-net binds

"Мужичок! Помоги моему горю: злой дядька королевича
Little man Help in my grief evil servant (the) prince

утопил."
drowned

"Изволь, красна девица! Вот и невод готов! Приложи-ка
Please beautiful girl Here also (a) sweep-net (it is) ready Lay you

сама к нему белые ручки."
itself to your white little hands

Вот царевна запустила невод в глубокое море,
Here (the) tsar's daughter let down (the) sweep-net in deep sea

вытащила королевича и повезла с собою, а дома все
(she) took out (the) prince and took with with herself and at home everything

дочиста отцу рассказала.
completely to (she) described
(the) father

Сейчас	веселым	пирком	да	и	за	свадебку:	у	царя	ни
Now	merry	feast	yes	and	for	marriage	with	(the) tsar	not

мед	варить,	ни	вино	курить	-	всего	вдоволь!
(the) honey	to cook	not	wine	to smoke		all	in abundance

А	дядька	накупил	разных	снадобий	и	воротился	назад:
But	(the) servant	bought	different	medicines	and	turned himself	back

входит	во	дворец,	а	тут	его	и	схватили.
goes in	in	(the) palace	and	here	him	also	(they) grabbed

Свадьба	королевича	была	веселая.	И	я	там	был,
(The) wedding	(of the) prince	was	merry	And	I	there	was

мед-пиво	пил,	по	усам	текло,	а	в	рот	не	попало.
honey-beer	drank	on	(to the) whiskers	it flowed	and	in	(the) mouth	not	it fell

The book you're now reading contains the paper or digital paper version of the powerful e-book application from Bermuda Word. Our software integrated e-books allow you to become fluent in Russian reading and listening, fast and easy! Go to <u>learn-to-read-foreign-languages.com</u>, and get the App version of this e-book!

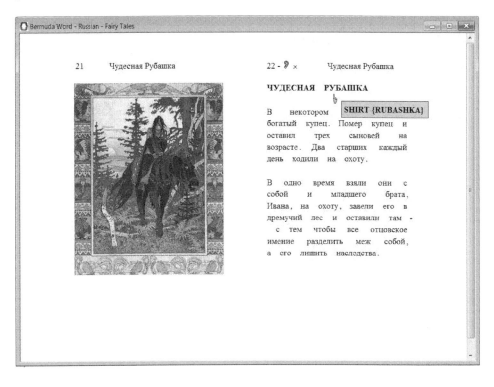

ЧУДЕСНАЯ РУБАШКА

В   некотором   SHIRT {RUBASHKA} богатый   купец. Помер   купец   и оставил   трех   сыновей   на возрасте. Два   старших   каждый день   ходили   на   охоту.

В   одно   время   взяли   они   с собой   и   младшего   брата, Ивана, на   охоту, завели   его   в дремучий   лес   и   оставили   там - с   тем   чтобы   все   отцовское имение   разделить   меж   собой, а   его   лишить   наследства.

The standalone e-reader software contains the e-book text, includes audio and integrates **spaced repetition word practice** for **optimal language learning**. Choose your font type or size and read as you would with a regular e-reader. Stay immersed with **interlinear** or **immediate mouse-over pop-up translation** and click on difficult words to **add them to your wordlist**. The software knows which words are low frequency and need more practice.

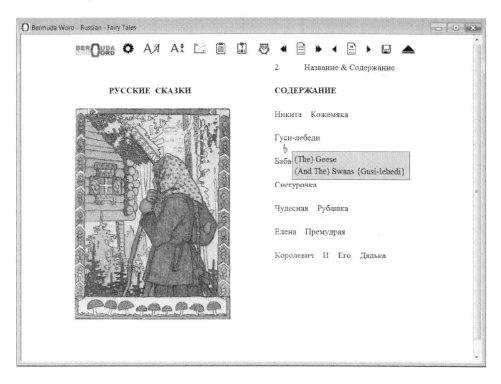

With the Bermuda Word e-book program you **memorize all words** fast and easy just by reading and listening and efficient practice!

LEARN-TO-READ-FOREIGN-LANGUAGES.COM

Printed in Great Britain
by Amazon

57575925R00095